凯恩斯：改良资本主义

[韩] 刘志浩 著
[韩] 黄基洪 绘
杨蕾蕾 译

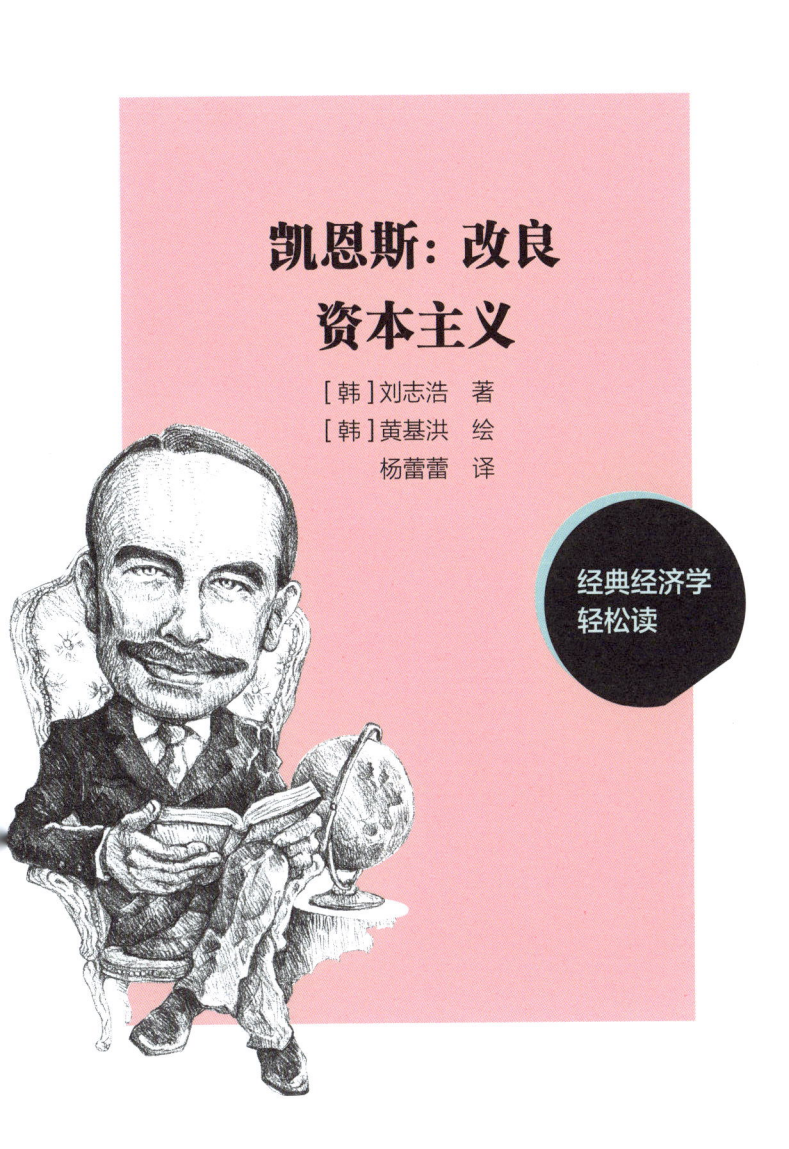

经典经济学
轻松读

中国科学技术出版社
·北 京·

Modified Capitalism by John Keynes
©2022 Jaeum & Moeum Publishing Co.,LTD.
㈜자음과모음

Devised and produced by Jaeum & Moeum Publishing Co.,LTD., 325-20, Hoedong-gil, Paju-si, Gyeonggi-do, 10881 Republic of Korea
Chinese Simplified Character rights arranged through Media Solutions Ltd Tokyo Japan email:info@mediasolutions.jp in conjunction with CCA Beijing China
北京市版权局著作权合同登记 图字：01-2022-6309。

图书在版编目（CIP）数据

凯恩斯：改良资本主义 /（韩）刘志浩著；（韩）黄基洪绘；杨蕾蕾译. -- 北京：中国科学技术出版社，2023.7

ISBN 978-7-5236-0213-3

Ⅰ.①凯… Ⅱ.①刘… ②黄… ③杨… Ⅲ.①凯恩斯主义—通俗读物 Ⅳ.① F091.348-49

中国国家版本馆 CIP 数据核字（2023）第 072957 号

策划编辑	王碧玉	封面设计	创研设
责任编辑	陈　思	责任校对	焦　宁
版式设计	蚂蚁设计	责任印制	李晓霖

出　　版	中国科学技术出版社
发　　行	中国科学技术出版社有限公司发行部
地　　址	北京市海淀区中关村南大街 16 号
邮　　编	100081
发行电话	010-62173865
传　　真	010-62173081
网　　址	http://www.cspbooks.com.cn

开　　本	787mm×1092mm　1/32
字　　数	54 千字
印　　张	5.25
版　　次	2023 年 7 月第 1 版
印　　次	2023 年 7 月第 1 次印刷
印　　刷	大厂回族自治县彩虹印刷有限公司
书　　号	ISBN 978-7-5236-0213-3 / F・1151
定　　价	59.00 元

（凡购买本社图书，如有缺页、倒页、脱页者，本社发行部负责调换）

序言

各位读者,大家好!

非常荣幸能为大家讲述约翰·梅纳德·凯恩斯(John Maynard Keynes)的故事。凯恩斯于1883年出生,1946年逝世,是一位英国经济学家。如果将主张社会秩序是靠"看不见的手"来维持的亚当·斯密称作"经济学之父",那么,在1930年强调需要通过政府这只"看得见的手"来增加有效需求的凯恩斯便是"经济学之母"。

那么，凯恩斯究竟是为何成为如此有名的经济学家的呢？

在凯恩斯出现之前，古典经济学家更重视自由的市场经济活动，排斥政府的干预。亚当·斯密就提出，市场是由一只"看不见的手"自发调节各种问题，进而维持平衡的。当时这种观点已经深入人心，然而凯恩斯对此进行了反驳。

市场依靠自发的力量真的能解决各种经济问题，进而实现发展吗？国家公务员出身的凯恩斯对此表示否定，并主张必须出台政策让政府直接干预市场的各种问题，即通过公共政策来进行干预。这表明凯恩斯认为应当扩大政府的作用。

凯恩斯曾说过政府应当对在自由竞争不断

膨胀的资本主义市场中掉队、失败的人施以援手，因此我们可以认为其创立了福利国家的思想基础。

且慢，我听到有人说经济学非常难学，果真如此吗？

经济学让我们思考如何在人类的所有活动中做出最合理的选择，同时也让我们思考一个问题：我们要建造一个怎样的社会？

从现在开始我将用简单的叙述，仔细地为大家讲解。希望这本书能够帮助大家理解在当时的时代背景下凯恩斯的主张。

刘志浩

> 独家访谈 | 约翰·梅纳德·凯恩斯
>
> "大萧条时期的
> 经济学家,干预市场!"

今天我们邀请了英国的经济学家约翰·梅纳德·凯恩斯先生,请他讲述关于"改良资本主义"的故事。在正式开始之前,让我们先来了解一下凯恩斯先生吧。

记者: 您好,我是特约记者。非常荣幸能够与您见面!首先我们要向不太了解您的读者简单地介绍一下您,该怎么说呢?

凯恩斯: 哈哈,感谢大家对我的关注。大家都认为我是可以代表20世纪上半叶的英国经济学家,我不知道我会有如此的盛名,真的非常感谢大家。作为一名学者兼国家公务员,我时常在想:为了人们的幸福,国家到底能够做什么呢?第一次世界大战后,20世纪20年代英国的经济受到重创,我也曾为恢复英国的经济做出过一些努力。因此也算是一个不断学习的国家公务员吧。

记者: 当然了。先生如今也依然声名煊赫。那么您究竟做出了怎样的贡献才如此有名的呢?我们首先来听一下凯恩斯先生您幼年时期的故事吧。

凯恩斯： 我1883年在剑桥出生。我的父亲约翰·内维尔·凯恩斯在剑桥大学教逻辑学和经济学，母亲曾做过剑桥市的市长。我也因此才能够近距离地接触像阿尔弗雷德·马歇尔（Alfred Marshall）这样有名的英国经济学家，并跟随他们学习。

> **阿尔弗雷德·马歇尔**
> 一位伟大的经济学家。他认为，市场价格由供需双方的力量均衡与否决定，犹如剪刀的两翼，是同时起作用的。他的经济学概念直到今天仍影响着现代的经济学家。

记者： 那么，先生的学生时代是怎样的呢？先生如此赫赫有名，想必学生时代就与众不同吧。

凯恩斯： 我非常感激我能有机会在伊顿公学接受精英教育，并在剑桥大学国王学院进行学习。幸运的是由于我生活在具有学术氛围的家庭环境中，所以从小就对学习产生了浓厚的兴趣。我在学生时代遇到了形形色色的人，参加过各种各样的社团活动。大三时当上了学生会主席。我对政治也很感兴趣，曾担任过剑桥大学自由党俱乐部主席。

记者：您的大学生活真的是丰富多彩啊，那您对于您参加过的活动有着怎样的感想呢？

凯恩斯：这让我想起了当时剑桥大学学生们的秘密社团"剑桥使徒社"的活动。剑桥使徒社是1829年成立的社团，很多名人都曾加入过。

诗人阿尔弗雷德·丁尼生（Alfred Tennyson）、哲学家伯特兰·罗素（Bertrand Russell）等众多学者、政治家、评论家都曾是社团成员。社团以外的人无法知道社团成员都有谁，一些能力超群的学生秘密加入这个社团，大家一起对各种学术、政治、社会问题展开激烈讨论。通过这些讨论，我们培养出了对人类合理的智慧和理性的信念。在当时的英国社会，19世纪维多利亚时代虚伪的道德、伦理主义还具有一定威信。为了反驳这些思想，我们努力培养在理性的基础上进行合理判断的价值观。在这个过程中培养出来的理性的思考能力是我学生时代最大的收获。

记者：那么，大学毕业之后您又做了些什么呢？

凯恩斯：因为平时有很多其他事要忙，所以无法集中精力学习，导致我在数学等级毕业考试中并没有取得好成绩。最终我放弃了当数学家的梦想，去参加了文官考试，考试成绩在104名考生中位居第二。虽然逻辑学和政治学成绩是第一名，但是数学和经济学成绩却是第七名。经济学成绩不好的我却成了经济学上的"风云人物"，从这件事上来看，这世上不可预料的事情有很多。哈哈哈。我以优异成绩通过文官考试后，被分配到了印度事务部工作。

记者： 可您还是取得了第二名的优异成绩，真的令人佩服。那么您是怎么在工作的同时又成了一名经济学家呢？

凯恩斯： 不得不说，很多时候这世上的事情都神奇地联系在一起。看我经济学的分数也能看出来当时我对经济学并不是非常感兴趣。

然而我在印度事务部工作的过程中经历了各种各样和经济学相关的工作，逐渐对经济学产生了兴趣，并开始研究经济学。

在我工作的那两年，我出版了与印度经济问题有关的书籍。也是因为这些书籍，我成了母校剑桥大学国王学院的特别研究员。在那里，马歇尔老师对我格外关照，他对我的影响也非常大。我大学时代对经济学的全部了解都来自马歇尔老师的经济学课。老师了解了我的潜力后便向周围的人介绍、推荐我。多亏了马歇尔老师的关照，我才能在剑桥大学安稳地研究经济学。我执教37年来一直坚守岗位，向学生们传授经济学知识。我并不是单纯地传授经济学理论，而是运用各种各样的实例来进行授课。

记者：这么说您的经济学思想是为了解决现实经济问题而存在的。

凯恩斯：当然。所以我从一开始就和那些单纯地将经济学看作一门学科的学生不同。我更关注现实问题，并且特别想解决这些问题。而且我非常讨厌一类人，就是那些没有能力却拿着父母的财产过着富足的生活，自诩是社会上层阶级的人。因此我后来也提出了提高继承税的主张。我一直以来都批判那些不想为穷人进行改革的保守党，而支持自由党，因为自由党主张用人类自身的奋斗和理性来解决这种社会问题。

记者：原来如此！凯恩斯先生当时为了改革社会问题还真是煞费苦心。所以从这一点上看，先生的思想与之前的自由放任主义是有所不同的。

凯恩斯： 对，您说的很对。这是非常重要的一点。在我的新理论提出以前，经济学的主流是自由放任主义。所谓自由放任主义，是指在自由市场经济体系中将政府对市场的干预降到最小，保障个人经济活动的自由，进而市场的运行就会由一只"看不见的手"来自发调节。这是18世纪的学者亚当·斯密的主张。然而将市场完全交给私人会产生各种问题和副作用。

因为人类的本性是追求个人利益，且并不会为了在竞争中被疏离的人或贫困人群而放弃自己的利益。我认为这就是自由放任主义最大的弊端。因此我主张政府应该出面制定政策来保障这些社会弱势群体。

记者：既然先生对现实经济问题如此关心，那么您在教授经济学之外还做了些什么呢？

凯恩斯：当然了，除此之外我还做了很多事情。在1914年第一次世界大战爆发后不久，我应征入财政部。就这样，我再次进入英国财政部工作。那是一段很困难的时期，但战争最终还是以英国、法国、美国为首的协约国的胜利而结束。1919年召开了处理战后问题的巴黎和会，我作为英方首席代表参加了和会。

记者：那您在巴黎和会上的主张是怎样的呢？

凯恩斯：巴黎和会的焦点问题是战败国德国赔款金额问题。因为德国挑起战争，给周边国家造成了严重的损害，所以德国应当承担战争赔款。在和会上,战败国德国被要求支付1320亿金马克的战争赔款,这笔巨额赔款相当于当时德国两年的国民收入。这个决定主要是在法国的强烈主张下形成的,其他国家也一并同意法国的主张。但事实上,历史上英法两国之间也有过很多次冲突,所以英国的这个主张是掺杂着对德国的复杂情感在内的。

> **巴黎和会**
> 第一次世界大战结束后,为通过缔结合约来划分战争的责任并维持战后的和平而召开的国际会议。

挑起战争,并给其他国家带来损害,所以就应当对此负责。话虽这么说,但我认为不应该征收如此巨大的战争赔款。因为我觉得如果把德国逼到绝境的话,会产生一些新的问题。那时候所有人对德国都带有不好的感情,虽然我知道如果站在德国一边发言的话,必然会引起嫌恶，但我并不在意。我如实发表了自己的意见后就辞去了和会代表职务。之后出版了《和平的经济后果》（ The Economic Consequences of the Peace ）一书。

记者： 您真是太了不起了。那么自那以后您就再也没有为政府工作过吗？

凯恩斯： 虽然我个人由于和政府意见相左而从政府部门辞职了。但如果政府说有需要我的地方，我还是会积极贡献我的力量。因为我从一开始就认为应当将经济和政治以及其他所有社会现实联结在一起来打造一个幸福的世界，所以当我每次参与处理一些现实问题时都会尽自己最大努力。当然，因为我性格比较直率，有话就会直说，所以也和各种人产生过大大小小的矛盾。

记者： 您果然令人敬佩啊！话说您何时结婚的？

凯恩斯： 哈哈，有点不好意思了。我在四十多岁的时候才结婚。我的妻子是俄国的芭蕾舞者莉迪亚·乐甫歌娃（Lydia Lopokova）。对于我这个生活在优渥环境里没有经历过多少挫折的古板大龄单身教授来说，结婚可是天大的事情。当时我不知道怎么追求我妻子，就把我第一次出版的书送给了她。就是那本《和平的经济后果》。六年后，我和她结婚了。有人说和莉迪亚·乐甫歌娃结婚是"凯恩斯做得最棒的一件事"，但当时俄国是社会主义国家，很多人唱衰俄国，所以也有很多人对我的婚姻

> **社会主义**
> 与资本主义相对的市场原理，主张生产资料共同所有，有计划地生产和平等分配。是在反对工业革命产生的不平等和贫困的过程中应运而生的。

指指点点。并且当时芭蕾舞者在保守的上流阶级看来是很不体面的职业。但对我来说这都不是问题，所以我还是排除困难，顺利结婚了。

但我也因此和"剑桥使徒社"的成员渐行渐远。并非因为我的妻子是俄国人，或者语言障碍，反而是我朋友们的一些辛辣讨论和批评让我的妻子感到有负担。同时，我自身的思想也渐渐开始有所变化。

大学时期我对现有的道德和秩序以及社会权威是极其否定的，但现在我的思想发生了转变，更加保守了。我现在认为，要解决各种社会问题、维持国家安定，是需要一定的社会权威的。需要通过政府的积极干预来进行社会变革，这样，我的经济学基础就一步步奠定起来了。

记者： 啊，先生，原来您的婚姻并不仅仅是自己人生中的一件大事，也是重新奠定学术基础的一个契机啊。您因为结婚而变得有名，还真是非常有趣呢！可您作为世界经济大危机时期的经济学家也很出名，那时候情况是怎样的呢？

凯恩斯： 1929年，世界经济大危机爆发了。导火索是美国纽约股市暴跌，紧接着欧洲乃至世界经济都陷入危机。随着第一次世界大战的终结，依靠在战争中为其他国家提供军需物资来支撑经济的美国陷入了经济危机的泥淖。生产过剩产生的物资滞销，企业面临破产，失业者大大增加……由美国爆发的经济危机瞬间波及全球，经济不断下滑。产品滞销的工厂不得不停止生产。

当时我分析了经济危机的原因，为了寻求解决办法还进行了许多研究。事实上，当时经济学界都相信市场自身能够解决这场危机，因此大家认为应当将一切都交给市场去自由调节。但我并不同意那种看法。

记者：您为什么不同意那种看法呢？

凯恩斯：因为我认为市场并不是完美的。

市场真的能自发解决所有问题吗？那到底需要多长时间才能够解决呢？现实绝不是想象中那么简单，所以仅仅依靠市场的话，最终我们都会完蛋。既然这样,我认为应当有人出面来完善并解决市场中的问题。而且我认为应由政府来充当这个角色,政府应当通过财政支出来进行积极的干预。

自由放任主义的思想一百多年来都是主流,而我却提出了一个将其完全推翻的主张。我预料到会有很多人反驳我的主张,但政府的立场难道不是最中立、最能代表广大民众的吗?当然,也必须是清廉且有能力的政府才行。

记者:哈哈,这样啊。我知道有些人对先生您的评价很过分,您的观点为什么会引来一些经济界人士的激烈批判呢?

凯恩斯:就像我刚才说的那样,那都是因

为我主张强调政府的作用。事实上，我是因为担心市场经济的负面影响，才反对企业的自由经济活动。必须让政府出面来制止企业的一些会产生负面影响的经济活动，所以一些企业主才会如此反对。如果完全放任市场，那么必然会产生失业、贫富差距、环境污染等各种问题。同样，经济危机就源于此。

记者：那么，在经济危机下，政府能够做些什么呢？

凯恩斯：我认为要想解决经济危机，政府必须刺激有效需求。也就是说必须提高人们的购买力。需求增加，供给也会增加，进而会促进就业。就业增加的话，就会

> **有效需求**
> 具有实际购买力的需求。可以认为是以实际购买力做后盾的需求。

产生收入，这样又会刺激消费。消费增加意味着需求的增加。所以我认为最主要的办法就是刺激需求。

各位应该也会这么想，虽然这个主张在现在看来并不特别，但在当时这个主张是首次被提出，可以说是在挑战当时的权威。

记者：您的理论确实不同于当时的经济学思维框架。与之前的经济学家相比，您看待经济状况的视角好像更宽广一些呢。

凯恩斯：是的，我的主张就是要用更广的视角来看待经济状况。至今为止还有人认为符合个人利益的事也一定符合社会整体利益，因此他们仅仅考虑怎样才符合个人利益。然而很多时候，符合个人利益的事情并不符合社会整体利益。这样整体看待经济状况的视角叫作宏观视角,这可以被认为是宏观经济学的起点。

记者: 感觉您的理论被系统地整理了出来。从刚才开始我就很期待您的讲解了,那么您的哪部著作里系统化地包含了您的理论呢?

凯恩斯: 我的思想都包含在1936年出版的《就业、利息和货币通论》(*The General Theory of Employment, Interest, and Money*)这本书中。这本书通常被简称为《通论》。我平生的所有主张都汇集在此书了。我在书中批判了收入和财富的不平等以及市场经济的问题,主张政府应实行积极的财政政策。虽然这遭受了很多误解和攻击,但一些年轻的经济学家在看了我的书后追随了我的思想。可以这样认为:两百多

年来，以"经济学之父"亚当·斯密为始的古典经济学的历史由于凯恩斯主义的登场产生了巨大变革。

记者： 好，非常感谢您接受本次采访。

> **亚当·斯密**
> 他使经济学首次变成一门成体系的学科，被称作经济学之父。他的一个著名主张：自由竞争市场中有只"看不见的手"——价格机制在推动人们的商业行为，让社会利益最大化。

凯恩斯： 谢谢！请期待接下来更加有趣的经济故事！

记者： 好，今天的采访就到此为止。接下来我将为大家正式讲述改良资本主义的含义。

目录

第一章 我们曾经以为的市场 / 1

资源的稀缺性和经济的基本问题 / 3

市场规律 / 10

第二章 市场也并非完美 / 21

垄断的产生 / 23

公共物品匮乏 / 29

外部性 / 33

扩展知识 | 为何线上购物更便宜呢 / 39

第三章 世界经济大危机 / 45

经济大危机的产生 / 47

对经济大危机的分析 / 52

新的经济学理论：凯恩斯主义 / 68

第四章　罗斯福新政和改良资本主义 / 75

罗斯福新政 / 77

田纳西工程 / 84

大政府的登场 / 87

福利国家 / 90

新自由主义的登场 / 96

扩展知识 | 对资本主义做出贡献的社会主义者马克思 / 100

第五章　宏观视角下的经济 / 105

合成谬误 / 107

创造有效需求 / 111

消费就是美德 / 119

实学家朴齐家 / 120

政府的干预 / 122

结语　解决贫困问题，需要政府积极干预 / 132

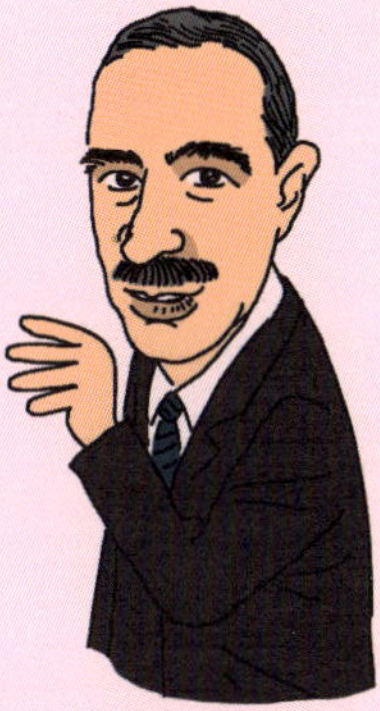

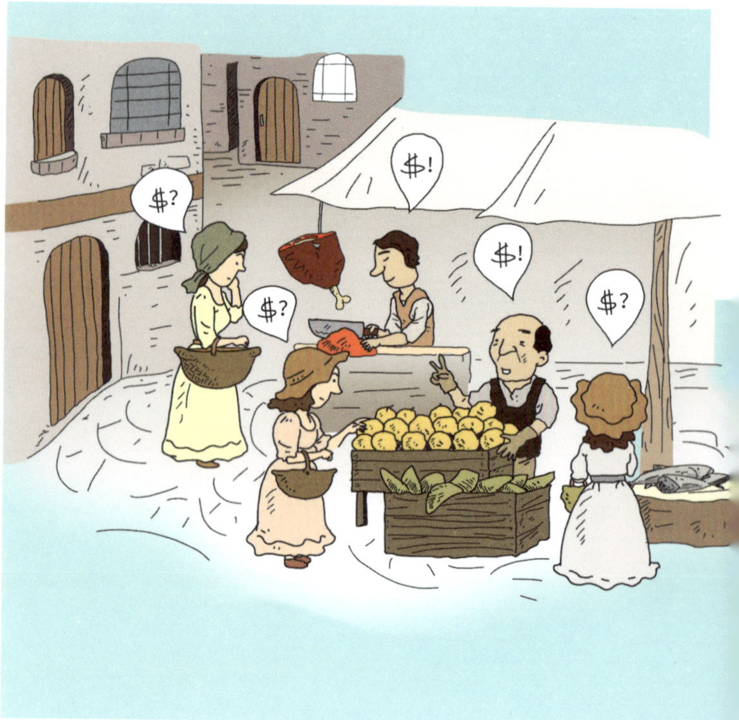

第一章

我们曾经以为的市场

全球大部分国家选择了市场经济体系,市场经济究竟是什么呢?又有着怎样的机制?让我们通过市场来了解经济的基本问题吧。

资源的稀缺性和经济的基本问题

20世纪初,凯恩斯发现了市场经济体系中的问题,在一番分析之后,他提出了相应的解决方法,并以此出名。要想了解当时市场经济出现了什么问题,首先需要了解我们曾经以为的市场。那么,我们现在开始了解经济的基本问题以及市场是如何解决这些问题的吧!

各位在买东西的时候产生过这样的烦恼吗?

"去面包店买面包时,很多面包看起来都很好吃的样子,所以我就很苦恼要买哪种。近来面包店好吃的面包越来越多,选择也变得更加困难。啊,说到面包,我肚子都饿了。"

"你总是说吃的,你干脆把面包店盘下来得了。"

"我倒想那样做,可我哪有那么多钱。"

"确实,那倒也是个问题。"

"英姬你不喜欢面包吗?"

"我也喜欢,不过不像哲洙那样痴迷。"

"她总是把钱花在买布娃娃和发卡上,哪还有钱买吃的。"

"昨天我在挑选发卡的时候,发现红色的也好看,蓝色的也好看,但我的钱不够买两个,所以我很苦恼。有些人去买的时候一眼就看中了红色的发卡,在打算去结账的时候又发现绿色的也好看,另外一个也好看,然后一点都没有犹豫，将这三个都买下了。哎，真是羡慕。"

确实会有这样的事情。

首先，令人讶异的是，这个简短的对话就包含了经济的基本问题。我们想拥有的东西并不完全等于我们需要的东西。我们的欲望是无止境的，但可满足欲望的资源是有限的。在经济学中我们通常将其称作"资源的稀缺性"，就是"手里的钱没有多少，想买的东西却很多"的情况。

那么，就产生了这样一个问题：我们怎样才能用有限的资源做出最合理、最经济的选择呢？这就是经济的基本问题。也就是说如何分配有限的资源。实际上，我们可以认为经济学的产生是为了合理选择和分配。所以做了好的选择的话，大家就会说"做了合理的选择"，在经济学中这被认为是非常重要的。

好，那我们再看另外一个问题。

有这样一个故事：一个农夫在附近的野山上挖到了一棵两百多年的山参。农夫到处宣传这棵山参，寻找想购买山参的人。因为山参具有显著的药效，所以想购买的人蜂拥而至。

有这么多想要购买山参的人，到底该卖给谁呢？

有人认为应该卖给最先来的人，理由就是因为他是最先来的。

有人认为应考察一下他们想要购买的理由，然后根据理由把它卖给最需要它的人。

所以呢，为了卖这仅有的一棵山参，会衍生出各种各样的办法。当然，如果山参的数量和我们所需要的量一致的话就不会产生这种烦恼。资源的稀缺就是问题所在。

但这也是没有办法的现实。我们只有在这种现实情况中做出合适的选择才不会后悔。那么山参的主人是如何做的呢？山参的主人进行了拍卖。

> 稀缺并不意味着数量的多少，而是根据人类的欲望和需要而产生的一个相对意义。就算是数量再少的物品，如果没有人需要，也不能看作是稀缺。稀缺是所有经济问题的根源。

拍卖
在此处指将有意购买物品的人聚集到一起，将物品卖给出价最高的那个人。

"谁出的价格高就把山参卖给谁！"

这时，一个参与拍卖山参的人说：

"我出200万韩元，请将山参卖给我吧。"

接着另一个人喊出了300万韩元的价格，第一次叫价的人又加价到了400万韩元。拍卖就这样进行下去，价格一直加到了500万韩元，第二个叫价的人最终放弃,接着第一次叫价的人又出到了550万韩元。就这样,山参的价格开始不断提高,最后山参的价格加到了700万韩元,没有人再往上加价了。山参被卖给了开价700万韩元的那个人。那些人就问这个以700万韩元买下这棵山参的人:

"为什么要叫那么高的价格呢?用那笔钱买一些其他的滋补之物岂不更好?"

那位买下山参的人是这样回答的:

"我真的很需要这棵山参,我的母亲长年卧病在床,医生说山参可以使母亲的病情好转。所以哪怕是1000万韩元我也会心甘情愿地买下它的……"

怎么样?山参是不是卖给了很需要它的人?

那么,卖山参的人又是如何知道哪一类人

需要山参呢?

"因为他听了来买山参的人的故事。"

"不对,不是在卖了山参后才知道他的故事的嘛。"

"那么提前听一听他们想要买山参的理由,然后卖给最需要它的人不就行了。"

"哎,那也有可能会有人撒谎啊。又不是卖给相熟的人,很难知道实情。更何况这么多人怎么听得过来,有一千个人来买难不成还要把这一千个人的故事都听了不成?"

"好吧,你厉害。那又为什么要问那个问题呢?"

再这样讨论下去该打起来了。

如果一一听完每个人的故事后再考虑卖给谁的话,可能就会像英姬和哲洙那样产生意见冲突，争吵起来。然而，当今世界在某种程度上是在有序地运行着，并没有陷入混乱。这是因为市场运行在其中。

"市场吗？"

刚才我们所说的买和卖以及商品交换等所有的经济生活构成的整体就是市场。那么现在我们来具体了解一下市场是如何解决这些混乱的问题的。

市场规律

最近市面上出现了很多新奇的东西。比如，各位在吃炸酱面或者在吃其他食物的时候有没有将食物弄到衣服上的经历？

"当然有，无论我多小心，还是经常弄到衣服上。尤其是新衣服弄上污垢后真的很令人伤心。"

但现在这种问题好像有了解决的办法。有人为了不让污垢沾到衣服上，发明了一种喷雾。将这种喷雾喷到容易沾上污垢的地方，这样沾上污垢后也能用卫生纸轻轻擦掉。

除此之外，市面上其他各种新奇的东西也层出不穷。只要人们有需要，无论何时何地都会有商人根据这种需求生产出商品来。

"对，真的很奇怪。在举行毕业典礼的地方就一定会有卖花的。"

就是这个道理。天气刚开始变冷，服装店里就已经上架了冬天的衣服。当天气刚开始变热，服装店就已经上架了轻薄的衣服。没有人统一指挥，人们常常会自发地适应市场的变化。

接下来我们来看另一个例子。

以前大米总是供不应求，因此大米的价格就上涨了。人们就开始思考怎样用其他谷物来代替大米。用小麦代替大米做马格利酒，也用小麦做年糕。就这样，人们降低了对大米的消费，大米的供给量和需求量开始持平，价格也稳定下来。当人们习惯了用其他谷物代替大米后，大米的销量逐渐降低，导致大米过剩，大米的价格也越来越低，这时，人们又开始使用大米制作产品。马格利酒也开始重新用大米酿造，饼干也用大米制作，最近还出现了米汉堡。

人们为什么在减少对大米的消费后又重新利用大米来制作产品呢？

"虽然没有人指使，但好像是人们根据大

米的价格波动来进行相应的反应。"

所以呢，即使没有人指使，人们也会通过提高对过剩的物品的消费，降低对紧缺物品的消费来维持市场平衡。

好，现在各位对市场的基本原理应该都或

多或少地了解了。

可能大家会想，市场的基本原理就这么简单吗？我好像还不太理解。

但各位其实已经知道了。市场本就不是那么难理解的东西。我们现在重新梳理一下市场规律的关键吧。

首先，很多时候我们不得不对稀缺的资源进行合理分配并使用，那么，就要思考如何分配那些稀缺的资源。然而实际上我们没有必要过多担心，因为市场已经帮我们解决了所有的事情。

按照季节的变化，冷的时候市场上就会卖穿着暖和的衣服，热的时候市场上就会卖轻薄凉快的衣服。当我们需要的一些物品稀缺时，价格就会上涨，人们自然也就会减少对它的使用，进而维持市场平衡。大家思考一下刚才讲的大米的故事，是不是大米自动就会去到更需要它的人的手中。同样，山参应该卖给谁的问题好像也解决了。即使是彼此不相识的人也自然能够相互交换所需要的东西，进而使世界有序运行。

大家会发现这全都是自动解决的，因为人们所做的一切都是为了各自的利益。如果顺其自然的话，人们都会为了自己的利益而认真去解决问题，而且为了获得更多的利益而互相竞争，这样一来就会生产出人们更喜欢、更需要的东西。在这样的过程中市场价格就是风向标。我们根据价格来判断各自的状况并做出相应的行动。大家思考一下拍卖山参这件事。不是有看到了山参的价格后而放弃购买的人嘛。

随着山参价格的不断提高，只会留下最需要它的人。

"那么，意思是放任市场自行运转吗？"

正是如此。

市场会通过自发调节来维持平衡，所以不需要干预，一切交给市场规律就可以。经济学之父亚当·斯密将这种市场规律称作"看不见的手"。他说就是这只"看不见的手"自发调节着市场的一切，所以我们千万不要去干预市场。这就是自由放任主义。其思想核心就是信赖市场自身的机制，将政府的干预降到最低。

> 价格传达出来的信号能够实现资源的有效分配。根据价格传达的信号，各个经济主体就能够做出最符合各自利益的选择。

"那么，从事经济活动的个人是不是有很大的自由？"

经济真就这么简单，没有什么需要我们做的吗？

是这样吗？其实，问题出在以后。凯恩斯的突出贡献是分析了市场经济的问题并提出了解决方案。如果放任个人进行自由竞争，慢慢就会开始出现问题！

那么，从现在开始，我们要看一下市场经济出现了什么问题。

> **看不见的手**
> 英国经济学家亚当·斯密的著名主张。他认为在公民社会中，追求个人私利的经济行为最终会促进社会生产力的发展。每个人在追求个人利益的同时，就会在一双看不见的手的引导下，促进社会利益，其效果比他真正想促进社会效益时所得到的效果更大。这是谈论市场经济时不可或缺的一句话。

大家好，我是凯恩斯，在20世纪初指出"市场经济"的问题。

各位对"资源的稀缺性"都很了解吧？

想拥有的东西很多，但资源却是有限的。

因为无法全部拥有，所以才要做出选择吗？

选择和分配的问题是经济学基本问题。

对，在过去的自由放任主义时代，我们将选择和分配的问题全权交给了市场。

相信"看不见的手"会完全维持市场的平衡。

如果市场能解决所有问题的话，岂不是就不需要像老师这样的经济学家了吗？

哈哈，是啊。但是我们一直以来信赖的市场开始出现问题了。

市场绝非完美。

产生了什么问题呢？

就是……

第一章结束！

突然站起来

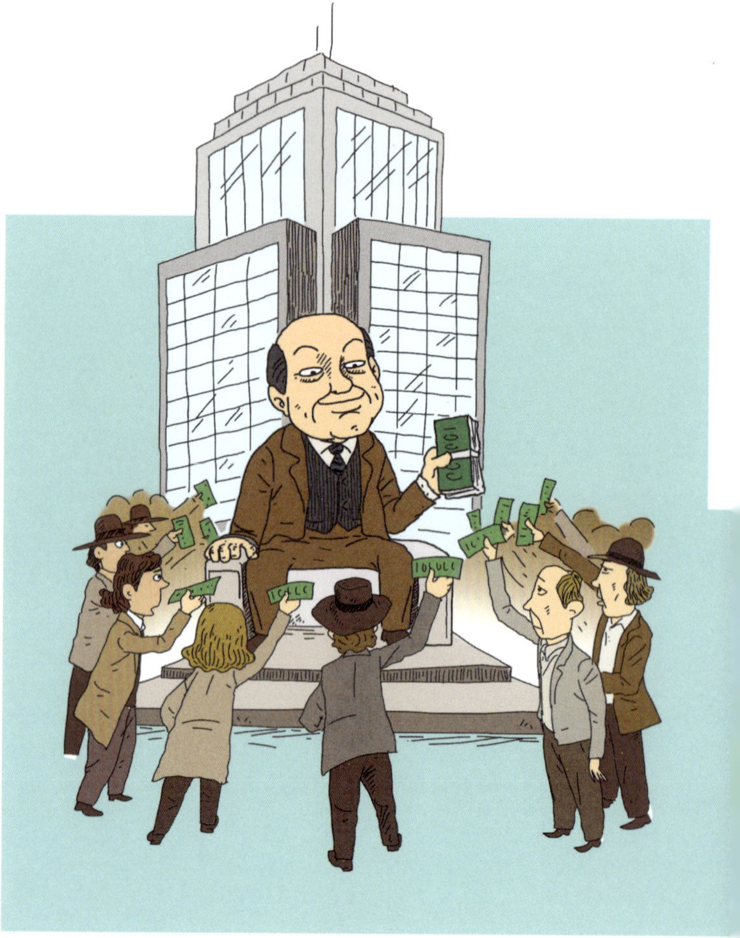

第二章

市场也并非完美

市场是完美的吗？事实上向来保持平衡、稳定运行的市场有着各种问题，这被称作"市场失灵"。市场失灵都有什么表现呢？

本章我们来了解市场无法正常控制经济状况的现象——市场失灵。

垄断的产生

各位或许有过这种经历：市场上好多商品的价格同时上涨，最终我们只能用比平时更高的价格购买。

"是的，有过这种经历。冰激凌是这样，饼干也是这样，它们的价格都在上涨。我爸说汽油也是这样。"

"好奇怪。在市场中大家不应该是互相竞争的吗？"

是啊，"自由的市场经济"通过各种竞争

来调整价格，如果竞争良性发展的话，就可以提高社会的整体效率。也就是说，为了发挥市场的机制，必须进行自由竞争，所以诞生了"让市场自由"的自由市场经济的理论。然而，这很不合理，如果在这种自由的市场中没有出现竞争，该怎么办？就像那些冰激凌公司那样，人们不得不用更高的价格购买冰激凌。

本来冰激凌公司之间应该通过竞争来提质降价，但他们现在却联手提高了冰激凌的市场价格。他们认为，与其费力地通过竞争降低价格来获得消费者的信赖，不如大家联合起来一起提高价格。这种方法叫作暗箱操作。这种行业或市场中只有极少数的供应商的情况被称为寡头垄断，在这种市场中，供应商之间的竞争减少。这样通过协商的方式来调整市场价格的不完全竞争行为很多。哲洙父亲所说的汽油市场的情况也是如此。

各位知道《许生传》①的故事吗？

故事中许生用1万两银子买下了祭祀用的水果，市场上的水果因供给不足而价格上升，这时他将水果又全部卖出。他通过这样囤积居奇的方式获取了暴利。

《许生传》中水果市场

> **寡头垄断**
> 是指少数大企业占据大部分市场的情况。当市场中有很多供应商进行完全竞争时，商品就能以一个合理的价格来进行交易。然而当少数的供应商垄断了市场时，这种完全竞争就很难实现。手机、汽油、可乐等产品的供应商很少，可以说是具有代表性的寡头垄断实例了。

> **囤积居奇**
> 指预测到商品价格会上涨，然后囤积商品，等待高价出卖以牟取暴利的投机行为。

---

① 《许生传》是由朝鲜王朝后期思想家、小说家朴趾源所著的古典短篇小说，反映了朝鲜后期的社会经济状况。——编者注

的供应商只有一个。因为只有一个供应商，所以自然就没有竞争，供应商也就可以操纵价格。这种市场中只有一个供应商的情况叫作"垄断市场"。这种市场只对垄断者有利，并不能实现市场经济的本来目的，如公平竞争、有效分配。

"原来市场经济也存在许多问题。那这些问题是自然而然产生的吗？"

英姬的这个问题问得很好。

对，最初市场经济高效运行，达到了前所未有的发展速度。每个人都为了自己的利益努力工作，进而使整个经济快速增长。但是随着不断地竞争，就出现了一些胜者，这些胜出的人会渐渐地处于更加有利的位置。

最终，市场中可能会只剩下少数或者最后

一名胜利者。这样的话，财富的天平就会往一边倾斜。在富人和穷人的不断竞争中，就会出现"富益富，贫益贫"的现象。自由市场经济模式的不断发展最终形成了"垄断资本主义"。

> **垄断资本主义**
> 资本主义从自由竞争支配下的工业资本主义阶段过渡到由少数垄断企业支配的阶段，这个阶段被称为垄断资本主义。少数大企业在操控经济的同时，对政治、社会、文化等所有领域都产生着影响。从历史上看，世界资本主义在19世纪末20世纪初过渡到了垄断资本主义阶段。

好，大家来思考一下。

我们假设有好几名学生在操场上进行100米赛跑，赢了的话就可以获得奖金。规则是只要在自己的跑道内跑，不干扰其他同学就行。现在学生们都穿着一样的运动服和运动鞋，没有任何不同。

那么，第一天的比赛开始了。其中一名学

生获得了第一名,得到了奖金。第二天的比赛又开始了,大家都站在起跑线上,但昨天获得奖金的学生买了自行车来比赛,那么今天谁会获得奖金呢?大家都能预测到吧。第一天获得奖金的学生在第二天的比赛中又获得了奖金。那么第三天、第四天的比赛也可想而知了。肯定会有一些学生认为这种比赛毫无意义并产生不满。同样这种情况也出现在自由市场经济模式中。

凯恩斯出生并成长的时期,这种问题就频频发生。他进入政府部门工作后,通过观察现实中人们的生活来了解这些问题,并开始主张需要对市场进行管控和调整。

认为市场经济无论何时都会通过公平竞争来分配资源的看法是错误的,因为会出现像垄断或寡头垄断这种难以进行竞争的情况。

公共物品匮乏

现在我们来看看另一种市场失灵的现象。

"啊，这是什么味道？"

"啊？什么味道？"

好像刚才就有一股什么东西腐烂的味道。

"啊，是教室的垃圾桶，好久没倒了，都发臭了。垃圾都溢出来了。"

这种情况要有人清理一下才可以。大家都觉得不是自己的事所以置之不理，最终大家都闻到了这股令人作呕的味道。冰激凌、饼干、泡面汤等混合在一起都腐烂招虫子了，垃圾桶也破了。

为什么没有一个人想到要去清理教室的垃

圾桶呢？

"嗯，如果我不去打扫，也会有别人打扫的。大家可能都是这么想的。"

"是的，如果我自己打扫了，只有我自己辛苦。其他没有打扫的同学却也享受着这个干净的教室，这样一想我就会有一种委屈的感觉。我的这种想法是不是很恶劣呀？"

其实还不至于。因为每个人都会先考虑自己的利益。英姬和哲洙指出了非常重要的内容。换句话说，人们不会特意去做对自己无益的事情。再简单点说，人们是不会为公共的事情去付出自己的金钱或者努力的。

因此在市场经济中，对个人无益的东西就无法很好地得到供应。就像教室里的垃圾桶那样。如果是书桌或者书包的话，个人是不会

放任它脏得生虫的，因为那样是损害自己的利益。但是个人却不会认为公用的垃圾桶是自己的物品，因此就不会管，任由它在那放着。

这种不管自己是否支付费用都可以使用的东西叫作"公共物品"。公园、路灯就是具有代表性的公共物品。如果家门口有一个公园应该

> 公共物品具有非竞争性和非排他性。非竞争性是指一个使用者对该物品的消费并不减少它对其他使用者的供应。非排他性是指不能将拒绝为公共物品支付费用的人排除在公共物品的受益范围之外，这和我们平常去超市购买的饼干和饮料这种花钱才能享受到的物品是不同的。

很不错吧？但是会有人想要用自己的钱建造一个大家共用的公园吗？这样一想，应该没有人会想用自己的钱财来建造其他公共物品的。当然也可以不切实际地期待一下会有其他人来建造。大家会想，即使我先出面来建设公园，肯定也会有一些不支付任何费用却坐享其成的人，所以这种事情很难坚持下去。简单点说就是总会出现一些"免费蹭车"的人。因此，在自由市场经济中公共物品的供给很匮乏。

像这样无法充分供给公共物品的情况，也就导致一些必需物品的缺失。即使是社会上必需的东西和服务，也没有主动生产，因此这也可以看作是"市场失灵"的一个表现。

外部性

各位有没有遇到过这种情况，明明自己什么都没做却还是偶然获得了利益或者遭受了损失？

"啊，我被蚊子叮了。"

"哎，这教室蚊子越来越多，都怪那个垃圾桶。"

现在这种情况就是一个例子。英姬和哲洙像平时一样在学校生活，但由于蚊子变多影响了学习。这种由外部原因导致自己受益或受损的情况就叫作"外部性"。外部性是由无意的行为导致的结果，但因为给周围造成的影响大部分时候是始料未及的，所以并不需要对此付出代价或者承担些什么。

"所以蚊子这家伙就是没有清理垃圾桶造成的外部性因素。"

"老师,我想起了不久前我家附近建造了一个工厂,人们都非常担心。因为工厂排放的污染物会污染我们村庄的环境,还会影响我们的健康,所以人们一开始还举行签字运动来反对建造工厂。"

对,英姬刚才非常准确地说明了外部性。工厂主人在进行自己的经济活动时并没有想到会给其他人或者其他产业造成影响。居民们的立场肯定是希望工厂搬到别处。居民们所受到的损害是工厂主人起初没有预想到的,所以这就是外部性。

那么,外部性是不好的吗? 也不都是那样。

外部性分为使人受益的正外部性和使人受损的负外部性。像现在我们周围环境被污染，进而蚊子变多，以及工厂的建立使环境受到污染，我们受到损害这种情况成为"负外部性"。相反，无意间获得了收获，则称为"正外部性"。

那么我们来思考一下我们身边的外部性有哪些呢？

"昨天我上完补习班回家的时候已经很晚了，回家的胡同很黑，而且一个人也没有，我真的很害怕。我独自一人胆战心惊地走着，走到拐角时看到了一个阿姨和一个小孩在有说有笑地走着。啊，虽然是不认识的人，但看到他们我好像不害怕了，当时我真的非常感激他们。我就那样和他们步伐一致地走着。很幸运的是，我们走的路是一样的，她们几乎是'送'

我到了家门口。因为并不认识,所以也并没有跟她们打招呼,但心里真的很感激她们。"

英姬已经很了解外部性了。

能再举个例子吗?

"嗯,在补习班里坐我旁边的人放了一个屁,这是负外部性吧?"

对,这种情况可以说是负外部性。哈哈哈,当然那个人可不一定是故意的哦。

也有这样一种情况。让我们来假设,一个果园旁边有一个养蜂场。于是,蜜蜂会去旁边的果园采蜜,养蜂者也就能够收获更多的蜂蜜。养蜂者算是因为旁边的果园而获得不小的收益,但养蜂者并不用回报果园主人。这就是外部性。

我们也有很多时候无意给他人带来了好

处或者让他人遭受损失，而我们自己却并不知情，也并没有对此付出过什么代价或者得到些什么。这可以说是没有通过市场交易而获得的经济收益和经济损失。这也是市场失灵的一种表现，因为这是没有受到市场的影响而自发产生的效应。

市场失灵
是指市场无法高效分配资源，以及无法公平进行收入分配。代表性的现象有不完全竞争现象（如垄断）、公共物品匮乏、外部性等。

那么政府应该怎么做呢？应该要阻止带来损失的"负外部性"，引导促进可以带来附加价值的"正外部性"。

"嗯……为了让做这种益事的人越来越多，应该给他们一些奖励。"

对，因为外部性算是一种市场失灵，所以需要政府出台政策进行调整。通过将一些特定行为义务化或禁止某些特定行为就能够解决外部性的问题，也可以对那些有益于社会整体利益的行为活动给予一些奖励金或者减税。

举个例子，如果果园增加到一定面积会对国家经济有利，就可以给予财政补贴来鼓励人们增加果园的规模。这样的话，想要建造果园的人应该会比之前更多吧？相反，如果想要阻止那些带来负面影响的"负外部性"，可以制定相关法律规定。例如用法律来规定工厂必须减少污染物排放量，或者必须安装净化装置。现代社会产生了很多复杂的问题，所以不能完全依赖私人，需要政府直接出面追加制定合适的规定。这也就是凯恩斯的思想。

扩展知识

为何线上购物更便宜呢

大部分情况下,某个物品在线上出售的价格比线下更便宜。然而当需要购买一些必须当面挑选的物品时,即使线上的价格再低,也还是不太方便。

举个买衣服的例子。我们在线上购买衣服时,衣服的设计、颜色、品质等常和我们想象的不同。所以在购买这类无法准确把握具体信息的物品时,很多人宁愿多花一点钱去线下购买。然而,当一些物品的品质或内容非常明确时，人们可能就会去更便宜的地方购买。买书就是具有代表性的例子。因为已经出版的书无论是线上购买还是线下购买品质都一样。那么，更多的消费者当然会选择去价格更便宜的线上书店购买。

那么线上书店为什么价格更便宜呢？首先，线上书店花费的成本更低。线上书店不需要开实体店，所以店铺租赁费、职员的工资等各种运营费都会减少。其次，和线下相比，线上的竞争更为激烈。大家想一下，在线下的话，开办书店的场所很受限制。随着线下书店的不断产生，竞争很难持续下去。线上书店却不是这样，它几乎不受场所的限制，而且会不断出现新的竞争者，是接近无限竞争的一个状态。

在原来的古典经济学中所想象的完全竞争市场与此很相似。在完全竞争市场中，所有物品的品质都相同，市场中无论何时都会有新的竞争者出现，拥有大量消费者和生产者，价格和品质全都公开透明。如果具备这样的条件，就会产生最激烈的竞争，当然也就会形成最低的价格。

但是在现实中却很难满足这些条件，所以凯恩斯认为完全竞争市场只存在于理论当中。但是随着信息通信技术的发展，产生了新的线上市场。线上市场克服了时空限制，通过更激烈的竞争和更低的价格提高了市场效率。

冰激凌公司放弃自由竞争，通过协商来提高价格。这也是市场经济所产生的问题，是由垄断产生的市场失灵。
ICE
如果将公共物品完全交由市场的话，就无法正常供给，因此需要政府出面干预。
国防就是具有代表性的一种公共物品。
果园，这就是“外部性”。
为了解决这些市场失灵的问题，必须由政府出面来制定直接的解决方案。

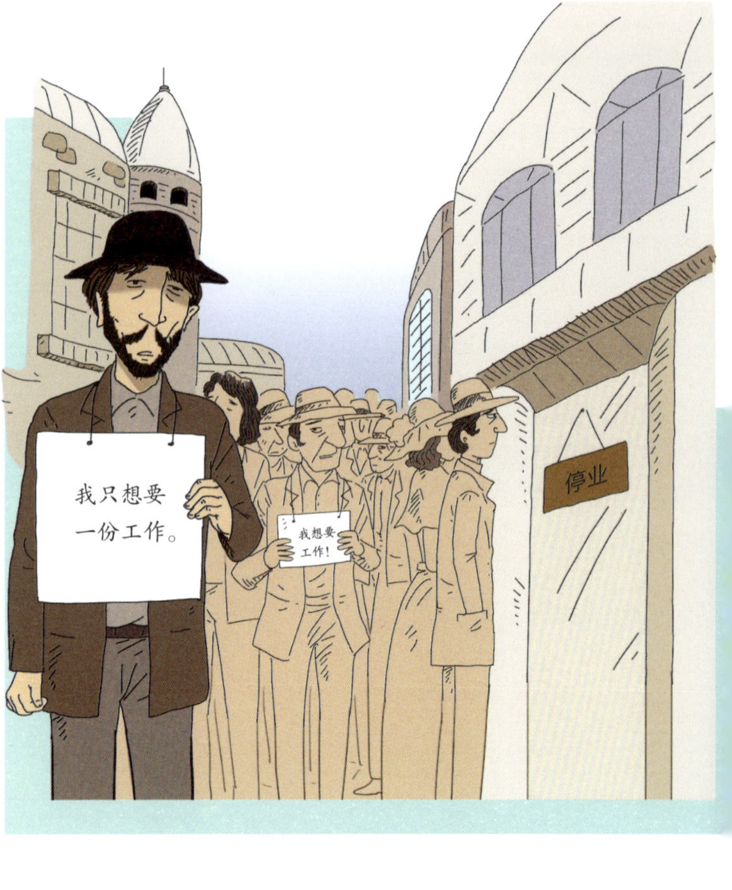
我只想要
一份工作。
我想要
工作！
停业

第三章

世界经济大危机

　　世界经济大危机是人类历史上史无前例的经济长期停滞状况。为何会产生这种悲剧？又该如何应对呢？

经济大危机的产生

第三章我们来讲讲世界经济大危机。首先我们来听一下两位大叔的对话。

"你找到工作了吗?"

"唉,快别提了。每个工厂的产品都卖不出去,库存都堆积如山了,不得不进行裁员。所以没有工作机会,只有一大堆的失业者。真是让人头疼,没有工作就没有收入,当下的生活也毫无希望。对了,你的面包店生意还好吗?"

"这生意能好吗?大家的生活都这么困难,

自然我的面包也卖不出去。因为收入减少,我现在也勒紧裤腰带过日子呢。"

"大家都减少支出的话,东西就会卖不出去。东西卖不出去就赚不到钱,就又得减少支出……这就形成了恶性循环,最终生意会越来越不景气。"

"说的是呀,得找到解决办法才行啊……这不,排队领取免费食物的人越来越多了嘛。"

这两位大叔的处境是怎样的呢?

"没有工作,也没有钱,买不了自己需要的东西,生活很困难。"

确实是这样。经济危机就是指生产和消费急剧下降,正常的经济生活陷入严重停滞状态。那么我们先来看一下1929年爆发的世界经济大危机的详细情况。

1929年10月24日星期四，美国纽约华尔街的股票交易所的股票价格暴跌。这天是美国股票市场有史以来最恶劣的情况，所以也被称为"黑色星期四"。

股票价格简称"股价"，是反映一个企业当前或者未来走势的重要数据。股价暴跌的意义很大，而且如果股票市场上很多企业的股价一齐下跌，就可以预测到整体的经济状况将急剧恶化。在经济大危机爆发时期，股价暴跌，从最高价跌了80％多。

华尔街

世界金融市场的中心，世界上规模最大的证券交易所纽约证券交易所、各种证券公司、银行都汇集于此，可以说这里是世界经济的中心。在荷兰殖民时期，这里曾被筑起了高高的城墙，因此被称作"华尔街"（Wall Street）。

股票

是股份公司所有权的一部分，也是发行的所有权凭证，是股份公司为筹集资金而发行给各个股东作为持股凭证并借以取得股息和红利的一种有价证券。根据公司的发展前景，投资的量和股票的价格也各不相同，因此股票被作为判断公司经济状况的指标。

世界经济大危机由此开始，并迅速蔓延，就像刚才讲的那样，企业的状况急剧恶化，货物积压，卖不出去，企业也自然就降低了生产量，生产量降低就会进行裁员，如此形成了恶性循环。

大家一般都认为世界经济大危机是1929年华尔街股票市场崩盘的结果。但实际上经济大危机是由更深层、更复杂的问题引起的。由于在很长一段时间内农产品的价格不断下跌，农民的收入降低，因此消费也就不断下降。加之西欧的金融危机越过了大西洋给美国带来了冲击，美国老旧且不稳定的银行体系无法承受，最终企业接连破产。经济大危机的原因我们至今都无法明确，这也说明了情况和原因的复杂性。

1929年的失业率为3%左右，4年后（1933

年)失业率高达25%。失业人数从155万人增加到1280万人,每4个人中就有一个人没有工作。

失业率
一个人愿意并有能力为获取报酬而工作,但尚未找到工作的情况,即认为是失业,这些人在人口中所占的比例就是失业率。

美国爆发的这场危机对世界经济也产生了很大影响,很快全世界都陷入危机状态,为了恢复经济足足用了10多年的时间。因此这场深刻的经济危机被称为"世界经济大危机"。

世界经济大危机是经济出现严重的长期停滞现象,1929年从美国爆发,20世纪30年代席卷全球。

在此之前,人们一直相信如果将问题全权交由市场来处理的话,市场会自发调节并解决所有问题。现在的市场不是出现了严重的问题吗?一直以来以自由放任主义为主导的资本受到了新变化的冲击,所以自由放任主义这个老旧的经济学理论已不再适用于现实。

对经济大危机的分析

"市场为什么出现了问题？出现问题以后不能立即解决吗？"

当时经历经济大危机的人也像哲洙一样产生了这个疑惑。但是当时的经济学家认为这种经济停滞的状况是很自然的现象，因此他们并没有主动解决问题，而是认为如果将问题交由市场的话，最终也会被解决的。就连一些制定国家经济政策的人员也错误地认为无论如何最终都会实现充分就业，失业只是一时的。即使经济大危机严重到美国的生产总量降低到了正常水平的一半，每4个人中就有一个人失业，他们仍然那么认为。

如果大家看一下图3-1，理解起来就更容易了。这是个表现经济波动的图。经济并不总是处于稳定状态的，往往是繁荣和萧条不断交替。"危机"是处于波谷的最低点，从这个图来看，即使处于危机状态，情况也是会好转的。

> 经济波动对我们的生活会产生很大的影响,我们通常会说"经济景气"或"经济不景气"。长期来看,经济增长是在重复"繁荣－衰退－萧条－复苏"的过程。所以我们会看到一个像波浪一样的线,这被称为"经济周期"。

1929年经济大危机发生时,大部分的经济学家和政府官员乐观地认为:经济马上就会恢复的。

然而凯恩斯认为,如

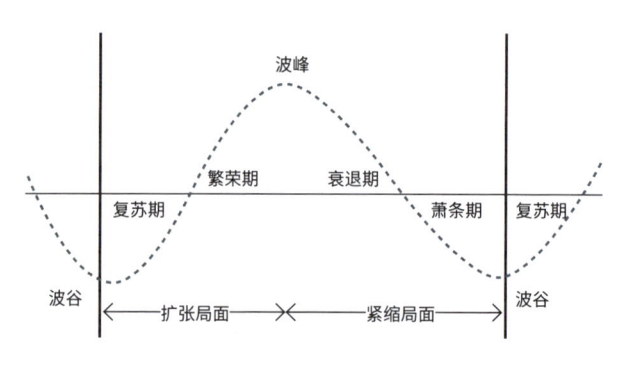

图3-1 经济周期曲线

果这样下去的话,无法克服经济大危机。因为旧的理论撞上了新的社会现实,那时候用以解释社会现象的旧的经济理论已经无法解决新的经济大危机。当时支配社会的经济学理论是供给和需求的价格决定理论。

"供给和需求的价格决定理论？嗯？这是什么呀？"

"经济学也太难了，尤其是图表一出现的时候，我什么也看不懂。"

哈哈，但是如果了解经济学以后就不会觉得那么难了。现在开始，我将为你们用通俗易懂的语言仔细地进行讲解，请大家相信我，一起跟我看一下吧。好，我们来看一下图3-2。

站在消费者的立场上思考一下。白菜原来1000韩元一棵，后来突然上涨到2000韩元，那么白菜会卖得更好吗，还是会卖不出去呢？

"嗯，不久前我妈妈说有一年白菜价格上涨了很多，因此那年就只腌了一点泡菜。"

白菜价格（韩元）

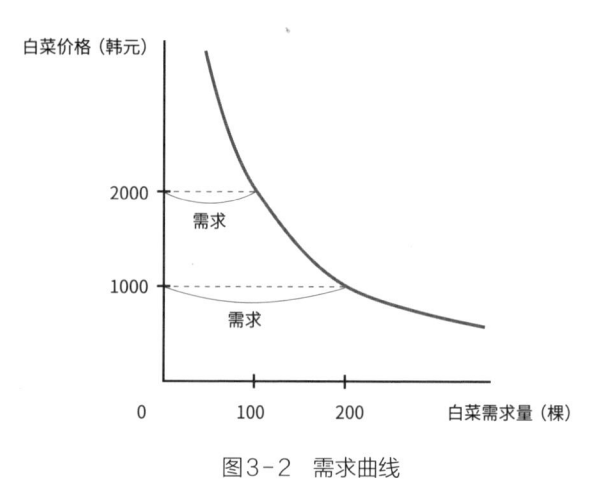

2000 ------- 需求

1000 ------- 需求

0   100   200   白菜需求量（棵）

图3-2 需求曲线

"对，我们家也有过这种经历，白菜价格上涨的话，人们的购买欲望就会降低。"

是的，就像图3-2展示的那样，当白菜的价格是1000韩元时，人们打算购买200棵；价格上涨到2000韩元时，人们就只打算购买100棵。"人们想要购买的白菜的欲望"在经济学中称为"需求"。简单点说，价格上涨，需求就会降低；相反，价格下降，需求就会增加。因此，可以认为价格和需求成反比。那么，我现在站在生产白菜的农民，即供给者的立场上思考一下，见图3-3。

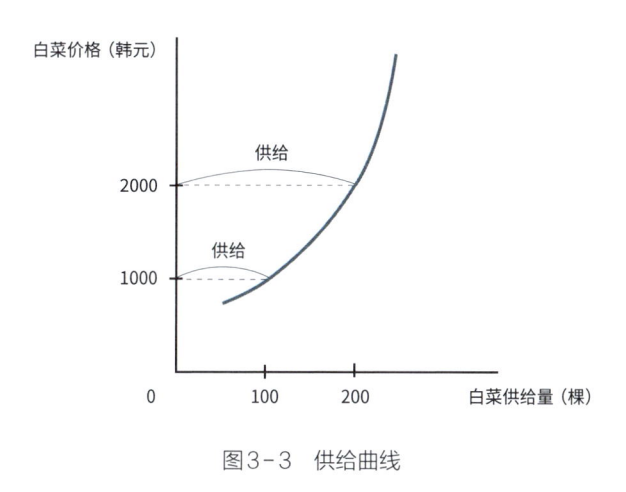

白菜价格（韩元）

供给

2000

供给

1000

0   100   200   白菜供给量（棵）

图3-3 供给曲线

这次白菜的价格也是从1000韩元上涨到2000韩元，那么供应白菜的农民和零售商们会做出怎样的选择呢？

"嗯,可能会种植更多的白菜,想在价格贵的时候多卖一些。"

对,他们确实会那么想。如果白菜价格上涨,供应者会很高兴。他们应该会想要多卖一些,多赚一些钱。就像图3-3展示的那样,白菜价格在1000韩元时,市场上白菜的供应量是100棵;当白菜的价格上涨到2000韩元时,白菜的市场供应量就达到了200棵。这就是经济学中所说的"供给",刚才我们不是说价格和需求成反比吗?

这次相反,价格和供给成正比。

"老师,我有一个问题。当白菜价格是1000韩元时,人们对白菜的需求量是200棵,但市场上只有100棵白菜。那么不就产生了一些想买白菜但买不到的人嘛,怎么解决这种差异呢?"

"是啊，当白菜价格是2000韩元时，人们对白菜的需求量是100棵，但市场上却有200棵白菜流通，不就会有一些白菜卖不出去吗？"

哈哈，各位指出了很重要的一点！所以无论是消费者还是供给者应该都会做出最佳的选择吧？消费者的立场就是想要降低价格，生产者的立场就是想用更高的价格将货物都卖出。所以人们认为根据这种合理的选择，价格会自发进行调节。那么上述的例子中白菜最合理的价格究竟是多少呢？好，现在我们将需求曲线和供给曲线合起来看一下。大家请看图3-4。

我们重新举例，如果白菜价格是2000韩元的话，那供给量会大于需求量吧？这时，供给者会根据需求量来降低供给量，供给曲线就会向下走。那么价格就会开始下降，进而刺激消

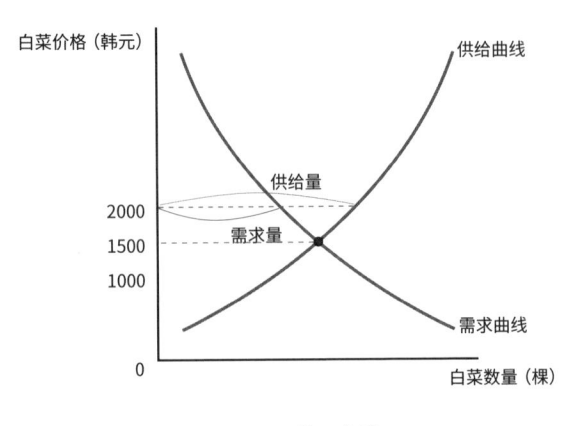

图3-4 供需曲线

费，需求量就会开始上涨。

这样的话，供给量和需求量在某一点就会变得相同，对吧？那个点所对应的价格和数量就是市场上白菜的均衡价格和均衡数量。

"啊，从图3-4看来，白菜最合理的价格是1500韩元。"

"对，那个点就是供给曲线和需求曲线的

交点。"

答对了！在这种情况下，市场上流通的白菜数量既不会过多又不会不足，价格既不会很高又不会很低。到现在为止，我们所讲的就是以前的古典经济学家的观点，他们认为如果市场维持着完全竞争状态的话，价格就会由各个经济主体进行合理调整，市场由一只"看不见

第三章 世界经济大危机

的手"维持着均衡。古典经济学家非常信赖这种市场机制。但如果有垄断就另当别论了。如果只有一个生产白菜的人,那么生产者就可以随心所欲地提高价格,即使价格高得离谱,消费者也无可奈何。

古典经济学家假设市场是没有垄断的完全竞争市场,并认为在这样的市场里各个经济主体无论是获益还是受损,一切都是由个人的判断而产生的。他们认为产生的一切结果仅仅是个人的责任。所以古典经济学家认为,为了维护市场内的自由竞争,国家就只能发挥最低限度的功能,例如限制垄断等。即主张政府管得越少越好。因此出现了"个人主义""自由竞争""小政府"等概念,当然还有"自由放任主义"。

那么,有谁知道我们为什么要如此详细地

学习供需曲线图呢？是为了方便大家理解1929年经济大危机发生时，古典经济学家对于失业的主张以及凯恩斯的创新性主张。

古典经济学家认为供给和需求可以将价格调整到一个合理的点，经济活动可以根据个人的合理判断达到均衡，总之他们将他们的理论应用到了所有的市场中。举个例子，在劳动市场中，将企业提供的工作岗位看作"需求"，将劳动者提供的劳动量看作"供给"，把工资看作"价格"。那么，劳动者的工资多少才合适、为什么会失业等问题，都可以用这种方式进行思考。

1929年经济大危机爆发后，需要经济学家们来解释究竟为什么会产生大量失业。根据价格决定理论，他们认为，"是因为工资太高了"，因为工资超过了均衡水准后，求职的人就会变多。然而，同样因为工资变高，雇用劳动者的人也会变少。那么去掉被雇用的人后，全体求职者中还剩下了哪些人呢？就是那些失业者。

"老师，如果降低工资呢？就像降低白菜价格那样。"

嗯，哲洙同学在认真听讲哦。

我们来看一下图3-5，工资是100万韩元时，会产生大量失业。那么如果将工资降低一些会如何呢？一方面，相比之前，会减轻雇用者支付劳动者工资的负担，雇用者就会增加工作岗位，劳动的需求曲线就会向下走。另一方面，由于工作岗位增加，被雇用的人就会增加。因为会有一些即使工资低也愿意去工作的人。因此劳动供给曲线就会上升。这样看来，这两条线应该会产生交点。那个点意味着劳动市场上求职者和工作岗位的数量恰好相等。所以在充分就业状态下,古典经济学家认为图3-5中的80万韩元就是合理的工资,只有将工资从100万韩元降低到80万韩元,才能解决失业问题。

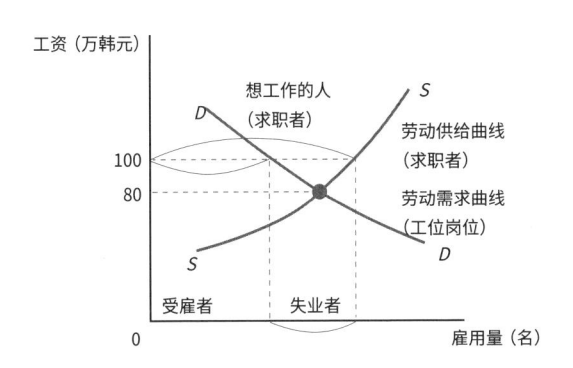

图3-5 传统经济学理论下失业的产生

虽然理论上是这样,但现实中工资并没有下降。凯恩斯认为这是因为就像一般市场上存在垄断一样,劳动市场上也存在着垄断。一些反对降低工资的劳动者组织,即工会,就是所谓的

"垄断者"。因此为了克服1929年的经济大危机，传统经济学家们主张应该驳回工会提高劳动者工资的要求，恢复市场自由。这就是以自由竞争的资本主义思想为基础的传统经济学理论。

"嗯……老师！如果这样的话大家是不是都会去指责那些要求提高工资的劳动者呀？"

是会那样的！最能体现传统思维方式的就是当时的人们将失业者称为懒汉。因为人们认为那些闲着不工作的人是因为工资太低才不想去工作的。按照古典经济学家们的逻辑，要求的工资比劳动市场上的合理工资高的话，是无法找到工作的。因此人们就认为那些不工作的人是懒汉。他们将这称为"自愿性失业"。然而经济大危机时，现实却是另一副模样。即使工资与之前一样，仍然出现了一大批想工作却找不到工作的人。难道要把这些人统称为懒汉吗?

当时虽然有数百万人想要找工作,即使工资低他们也并不介意,但是满大街都是"谢绝求职"的招牌。因为经济不景气,工资已经降低了。在这种情况下,凯恩斯就更加无法理解古典经济学家们所谓"工资高于能够实现充分就业状态的合理工资水平时才会产生失业"的理论了。

"所以他最终提出了新的理论?"

是的。在经济大危机发生后的第七年,也就是1936年,凯恩斯完成了《就业、利息和货币通论》这本书。在这本书中,他提出了颠覆传统经济学理论的主张。

进入20世纪30年代,新的经济学的诞生是从反驳关于解决失业的传统对策(即降低工资）开始的。仅仅降低工资就能解决经济大危机带来的大规模失业吗？凯恩斯认为并不能，所以开始重新分析劳动市场。

新的经济学理论：凯恩斯主义

值得注意的是，1929年经济大危机时，无论工资降低与否都有很多想要工作却找不到工作的人。这是劳动者的"非自愿性失业"，是和古典经济学家们所说的如果不是高薪就不去工作的"自愿性失业"相反的概念。图3-6就可以体现这个概念。

"哦？这个图中有直线呀？"

"是啊。这条直线在图3-5的传统经济学理论图中没有。"

我们来举一个例子，假设有100名劳动者，

工资（万韩元）

劳动需求曲线 D　劳动供给曲线 S

100 ———————●充分就业点

受雇者　非自愿性失业者

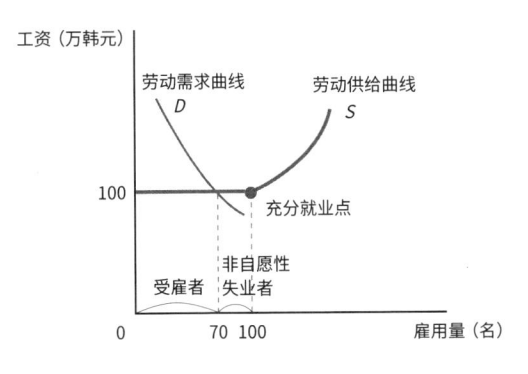

0　　　　70　100　　雇用量（名）

图3-6　凯恩斯的失业理论

某企业的工资是100万韩元。这100个人都就业了才算"充分就业"，对吧？现在这100个人，有对这100万韩元的工资感到满足的人，也有即使工资比100万韩元低也愿意去工作的人。

因此，当工资固定在100万韩元时，愿意去工作的这100名劳动者用直线来表示。但我们假设有人认为100万韩元的工资太低了，只有上涨工资才愿意去工作。而且如果企业需要更多的劳动量，想要劳动者干更多的工作的话，是不是就得上涨工资？所以就在"充分就业点"之后有了那段上升的曲线。

然而企业提供的工作岗位是有限的，所以劳动需求曲线并不会变动。所以能够被雇用的人只截止到和劳动供给曲线相交之处，也就是将有70名求职者被雇用。那么，剩下的30名求职者无论工资是100万韩元，还是比这更低，都是愿意去工作的，但无法工作。这些人就是"非自愿性失业者"。

凯恩斯所认为的充分就业就是消除这种非自愿性失业。如何才能让"劳动供给曲线"和"劳动需求曲线"在充分就业点上相交呢？降低工资吗？并不是，而是要将劳动需求曲线右移！也就是要增加就业岗位。就像图3-7的 *D*'

曲线那样。

工资（万韩元） 劳动需求曲线 D D' 劳动供给曲线 S

100

受雇者 非自愿性失业者

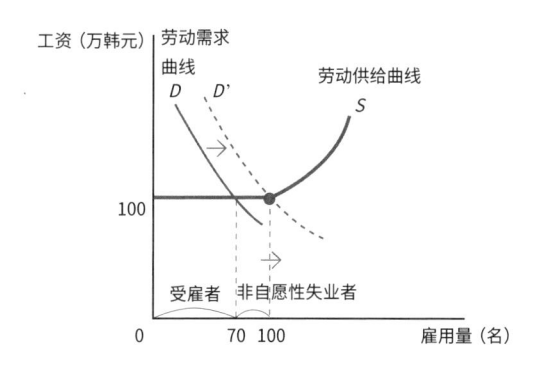

0　　70　100　　雇用量（名）

图3-7　凯恩斯的充分就业曲线

古典经济学家所认为的"因为工资过高才导致失业"的想法是将责任推卸给了劳动者。按照传统理论，如果降低工资，企业就会减少支出，利润就会增加，进而会增加工作岗位。这一看好像是这样，但实际上并非如此。凯恩斯认为，以这种方式解决失业的话，就会降低劳动者的收入，进而降低家庭的开支，最终导致整个社会消费萎缩。这样一来，企业为了刺激消费就只能降低商品的价格，进而又会减少工作岗位。最终还是什么也没解决！所以不应该降低工资，而是要增加工作岗位。

"那么应该如何增加就业岗位呢？就像经济大危机时那样经济停滞的话，企业也没办法增加工作岗位啊。"

所以凯恩斯认为应该由政府出面帮助解决。政府应该通过扩大财政支出，提高社会的生产量，进而消除"非自愿性失业"，让想工作的人都有工作。这和以前的经济学家反对政府干预市场，要求保障个人经济活动的自由的主张完全相反是吧？最能够体现这种思想的就是美国罗斯福总统实行的"新政"。下章我们将讲述"罗斯福新政"。

工作丢了，没有钱来买需要的东西。

消费减少，货物卖不出去了。得裁员了呀。

我需要工作。

工厂要关门了。

停业

1929年，美国爆发了经济危机。

消费降低，生产减少，工厂关门，进而失业者增加，消费更加萎缩。这是一个恶性循环呀。

政府官员和学者们的主张

别担心，交给市场，一切都会解决的。

政府官员

失业增加的原因是工资过高。降低工资，就业就会增加。

（学者）

这时我出现了

不！这种思想已经落伍了。必须增加工作岗位才行。

经济已经跌落谷底了，企业还怎么增加工作岗位啊。别说瞎话！

需要政府出面干预！

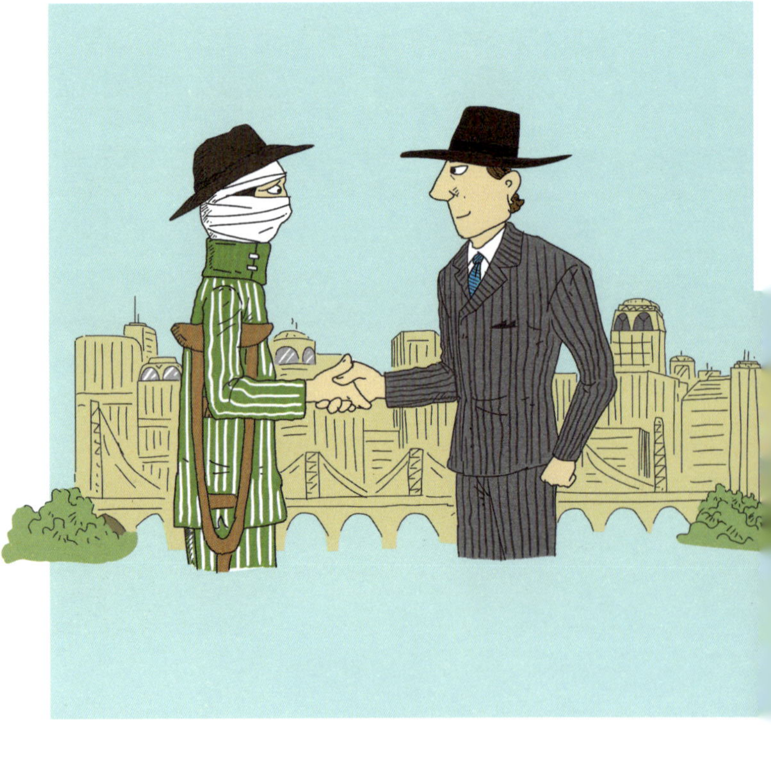

第四章

罗斯福新政和改良资本主义

为克服经济大危机,时任总统罗斯福推行了"新政"。通过政府积极地介入来弥补市场的缺陷的"改良资本主义"也随之登场。

罗斯福新政

美国为了摆脱经济大危机，都做了些什么呢？

虽然有人指出了市场经济的缺陷，并且主张为了创造"有效需求"，必须由政府出面进行积极干预，但是想要一次性改革长久以来实行的经济制度并非易事。事实上在实践之前，没有人敢保证一定能够成功，并且这是事关百姓们生活的问题，很难轻易决定改变，要事先考虑如果在实行的过程中出现差错该怎么办。

罗斯福

美国第32任总统（在任时间1933—1945），因组成了强大的内阁，推行新政而闻名。

在这时有一位政治家做出了一个重大决断：让政府积极地干预市场。他就是美国第32任总统罗斯福。

新政（new deal）一词中的"deal"原来在卡牌游戏中是发牌的意思。所以在卡牌游戏中发牌的人被称为"dealer"。所谓新政就是重新洗牌的意思，即意味着从现在开始，政府要对市场进行积极地干预，创造新的市场秩序。一个新的方案登场了，它和一直以来排斥政府的干预、将一切交由自由市场的方案完全不同。

美国作为一个崇尚自由的国家，十分看中依靠个人能力获得成功。"只要有能力，无论是谁都可以在自由竞争的社会中获得成功"的信念是不是非常振奋人心？所以当时人们评价美国是机会的土壤、自由的土壤。在美国，只要有能力谁都可以成功。这就是所谓的"美国梦"。得益于此，在当时的美国，社会上的成功是证明自己的能力的唯一途径。所以当时的人们都一心追求成功。有一部小说可以充分展现当时的时代风貌。各位，听说过美国作家菲茨杰拉德的长篇小说《了不起的盖茨比》(*The Great Gatsby*)吗？

"听说过，但没读过。"

哈哈，这本书对各位来说可能有点难懂。但因为这部文学作品很重要，所以在这给大家简单地讲一下。《了不起的盖茨比》是对经济大危机以前20世纪20年代的美国社会的写实描写。

一个贫穷的农家子弟盖茨比沉迷于美国梦，想要出人头地，然而，盖茨比爱上了上流社会的女人黛茜。对于盖茨比而言，美丽且富有的黛茜就是"美国梦"的象征。然而，黛茜和一个富有的男人结婚了。后来，盖茨比通过走私赚了一大笔钱之后，搬到了黛茜家的旁边。为了见到黛茜，他每晚都举办派对。为了讨黛茜的欢心，他付出了他的一切。那么盖茨比最终实现他的美国梦了吗？从结果上来看并没有，这个故事以悲剧结尾。由于醉心于暴富和对成功的幻想，最终盖茨比悲惨去世。

小说的背景是20世纪20年代的美国，当时美国迎来了史无前例的繁荣。第一次世界大战爆发后，美国为战中国家提供各种物资，经济也由此飞速发展。所以出现了像小说中盖茨比那样的暴发户。

1928年,胡佛当选美国总统,他在竞选时喊出了"每个锅里都有鸡,每个车库都有车(I will promise you a chicken in every pot and a car in every garage)"的口号,很好地反映了当时的社会风貌。在经济大危机发生以前,美国人想要通过物质上的丰裕来找寻精神上的安稳和幸福。然而就像盖茨比因自己的美国梦而死一样,美国人也因他们的梦想而走向没落,迎来了1929年的经济大危机。

自由和竞争,能一直使未来向好发展吗?有竞争就有胜利者,当然也有失败者。在重视个人的能力、自由、竞争、成功等的氛围里,虽然胜利者能尽享胜利,但失败者却很容易落得悲惨的下场。无论是谁,只要失败,就会被认为是个人能力的不足,而不是社会结构的问题。

那么这些在竞争中落败、被排挤的人究竟怎么办呢?

罗斯福新政就是从这个问题出发,来救济在竞争机制中受到疏离的人,改革金融、工业等相关的各种制度。政府做出这种选择,对于一贯实行自由放任主义的美国来说是一股改革新风。

罗斯福从政府层面给予银行和农业莫大的支援,出台了救济失业者和贫困人群的政策,不再放任市场自行运转。加大了政府对货币的管控力度,使各个产业部门的企业家们遵守公正的规定。另外还制定了保护劳动者权益的法律,实施了著名的田纳西河流域综合开发工程。

经过这一番努力，加之当时各种历史性事件交织，1932年以后美国的经济开始迅速恢复。经济恢复了，罗斯福的人气也渐渐上升，1936年他成功再次当选总统。因此他的新政得到了更加强有力的推行。

虽然现在我们讲起来很简单，但是经济大危机以后出现了好几次难关，全世界用了10多年才完全摆脱经济大危机。可以说在继续放任市场自由运转，还是通过政府的干预来弥补市场的缺陷这个问题上，罗斯福新政的意义重大。罗斯福找到了能够通过政府的政策弥补市场缺陷的方法，创造了使市场和政府的作用共存的新经济秩序。

尤其是罗斯福新政下的田纳西工程非常有

名。通过这一工程，我们可以清楚地了解之后要学习的"有效需求"是如何被灵活利用的。

那么我们现在来看一下田纳西工程。

田纳西工程

能够代表罗斯福新政的事业就是田纳西工

程。这一项综合开发工程,在田纳西河流域修建了26个大型堤坝,发展航运,在流域周围修建了游园区、钓鱼场以及便民设施等。是覆盖美国南部7个州的大工程。

如此巨大的工程对人们有什么好处呢?

"因为实施这个工程需要劳动力,所以创造了工作岗位。"

"有了工作机会,劳动者就会有收入,消费也就提高了不是吗?所以创造了'有效需求'。"

"而且还会生产诸如公路、便民设施这样的公共物品。"

大家理解得都很到位。是的,通过开展像田纳西工程这样的大规模事业来为人们创造工作机会,人们有了收入,就可以出去家庭聚

> 在世界经济大危机时，美国大规模修建堤坝事业是为了通过政府来扩大需求。如果说是想要扩大需求，那么没有比政府开展公共事业更好的方法了。

餐、给孩子买衣服和玩具等，消费总量就大大提升了。因此各个领域的产业都活跃了起来。这就是创造出了"有效需求。"

"让工人挖坑，然后支付挖坑的钱。再让工人填坑，然后支付填坑的钱。再继续让工人挖坑，支付给他们工资……如此反复，这对支付工资的人来说没有任何好处。但是工作者却因此有了收入，进而可以用自己的收入进行消费。"

只有就业产生，经济才能正常运转，维持正常状态。但是很少会有企业做这种事情，因为这根本不能赢利。那么这种事情该由谁来干呢？当然是由政府来干。

当然，创造工作机会也没有这么随便。

这只是在强调就业的重要性。虽然需要政府出面创造就业，但也是要开展对国家长期发展有帮助的事业才行。美国的田纳西工程就是如此。田纳西河流域每年都因洪水而引发众多问题，政府在这里进行大规模投资，修建堤坝，预防洪水，并且开展水力发电等，这些都是有益的事业。

大政府的登场

在政府积极的干预下，经济渐渐恢复，与此同时，一种新型资本主义出现了，它承认在市场中经济中政府干预的必要性。我们将其称为改良资本主义或混合经济体制。

> 市场经济和计划经济并存运行的体制称为混合经济体制。在最接近于市场经济的美国和欧洲中广泛存在。

在市场经济的初期，

自由放任资本主义广泛传播，它要求政府必须是"小政府"，不能干预市场，只能负责国防、治安之类的工作。然而随着市场机制的失灵，要求政府积极地干预市场经济，提倡"积极国家""大政府"的改良资本主义开始站稳脚跟。

> **改良资本主义**
> 是指为了解决经济问题，既肯定市场原理，又认可政府的积极调控的资本形态。

人们之所以能够这样看待国家，是因为对国家的认识发生了变化。

市场经济诞生初期，正处于一个以强有力的王权为基础的管控市场时代。所以当时的情况是大家都在想方设法摆脱国家的干预。然而随着市场经济和民主主义的扎根，人们改变了对国家的看法。现在他们认为国家是为了公民而存在的公益机构，一切行动听从公民。如果说过去是主张摆脱国家的控制、"逃离国家的自由"的时代，那么现在是主张通过国家来追求自由、"依靠国家的自由"的时代。现在，当市场中出现问题时，人们会向政府请求帮助。由于市场是在私人利益的驱使下运转的，无法解决公共问题，所以人们就开始期待政府发挥作用来解决此类问题。正是以这种认知变化为基础，改良资本主义才能够发展起来。

1929年世界经济大危机爆发以后，世界经济迅速接受了改良资本主义，政府出台了大量政策来弥补自由竞争的市场经济产生的问题。前面所讲的美国总统罗斯福的新政中也包含了为经济上的弱势群体出台的政策，例如救济贫民、创造就业、保护劳动者权益等。美国梦是指在美国无论是谁只要有能力都可以成功，但罗斯福的"梦"却并不止步于此,他梦想将美国从困境中摆脱出来,成为自由的国家。他的美国梦不是"个人梦",而是"集体梦",大家齐心协力,建造一个没有掉队者的国家。

福利国家

到现在为止我们已经阐述了政府是如何解决市场经济出现的问题的。

这次我们来一起了解一下福利国家。各位,你们有注意到过这样一件事情吗?任何一个停车场的最好位置无一例外都是残疾人停车位。

"是这样的,不仅位置是最好的,而且更加宽敞。"

对,而且65岁以上的老人坐地铁免费,大

家知道吗？

"知道，我奶奶现在也享受着这项福利呢。"

那么，我们是不是就能够以此推测出工会成立的原因呢？其实并不难。

为残疾人分配最好的位置，让老人免费乘坐地铁这些事情都是在重视竞争的资本主义社会中无法想象的。在竞争中，人们将个人能力和欲望都倾注在使自己成为胜者这件事上，因此很难照顾到困难的人。因此在市场经济体系下的资本主义社会中，必然会

> **工会**
> 以劳动者为主体，为了维护或改善劳动条件，提高劳动者经济地位而成立的团体。

产生经济层面、社会层面的弱势群体。要想构建一个无论是强者还是弱者都能够幸福的和谐社会，就需要采取适当的对策。这种对策是不

能交由私人机构的，因为私人机构进行经济活动是为了自己的利益。所以上述两件事是从政府层面为经济层面、社会层面的弱势群体提供关怀的制度。

那我们再来思考一下工会。相对于公司，劳动者是弱势群体。如果劳动者个人和公司对抗，劳动者很容易处于不利的境地。所以，如果公司利用劳动者的这种弱势地位来剥削劳动者，拖欠工资，难道劳动者就只能默默承受损失吗？应该有一个可以诉苦的公共机构来管理和监督这种情况。所以工会的存在就是国家为了保障相对弱势的劳动者而建立的解决劳动者的问题的制度。

该制度为了保护社会上所有弱势群体的权利，由社会，即国家出面从制度上给予保障。

这种制度也称为"社会保障制度"。在自由放任主义的经济思想盛行的时代，我们无法期待国家会发挥这种作用。资本家们想要尽可能地不受国家的干涉，最大限度地追求自己的利益。但是随着社会变得日益复杂，人们各种各样的欲望不断交织，在经济层面上自然就产生了被边缘化的群体。

在通过竞争来分配资源的市场经济中，经济上的弱势群体生活得很困难。大家想一下，如果一个社会中穷困的人太多，那这个社会是不是就会很难维持和平与稳定。所以我们不能一味追求竞争，而是要为处境困难的人建立一项制度来保障他们的基本生活。

福利国家的目标是国家来保障社会弱势群体也能够享受最基本的生活水平。曾经资本主义重视经济活动中的个人自由和竞争,后来经过改良,福利国家这一概念也在资本主义社会中站稳了脚跟。在此过程中,政府的作用也渐渐扩大。

福利国家
福利一词的英文是"welfare",意思是公平地分配。是指国家政府的主要功能是积极推进保护社会弱势群体(诸如老弱病残者以及贫困人群)的制度。

如果从初期资本主义的立场上来看的话,这确实是思想上的巨变。当然,这种变化并非易事。起初美国实行福利国家政策时,很多人对此表示反对,认为这和社会主义无异。一些人也因此攻击罗斯福是社会主义者。然而之后罗斯福使美国变成了一个更加稳固的资本主义国家。正是因为他吸收了社会主义的优点来弥补资本主义的缺陷,才使资本主义进一步完善发展。

资本主义的日渐繁荣，其中缘由也在于此。虽然资本主义所重视的竞争有许多和福利制度相矛盾的点，但也可以说福利制度弥补了竞争带来的问题。认识到问题然后积极寻找弥补措施正是资本主义持续发展的原因。

希望各位以后也能在认识到问题后积极自我改正，成为一个不断进步的人。

新自由主义的登场

经济大危机发生后，政府对经济问题进行了积极的干预。当时人们已经形成了对政府的高度信赖，认为政府是另一个完美的存在，可以解决所有问题。人们看待世界的眼光还真是很单纯呢。以前认为市场很完美，现在又认为政府无所不能。

总之，政府拥有了莫大的权限来管控市场状况。当然政府的权限也是一点点慢慢扩大的。如今人们的想法也发生了改变，认为有什么不足或需要，当然需要向政府请求帮助。

那么，如果政府这样出面解决所有问题，

就再也没有什么可担心的了吗？

事实并不是想象中那样。20世纪60年代后期以后，20世纪70年代初，出现了政府干预也无法解决的新问题。

同时兼具经济停滞和通货膨胀的"滞胀"开始出现。在此之前，经济出现了空前的繁荣，并不断发展。但又出现了新的现象。从那时起又开始有人批判凯恩斯的理论，认为他所主张的理论已经无法再解决现实问题了，因为政府的职能过分扩大而破坏了市场机制。

值得一提的是，奥地利经济学家哈耶克非常令人佩服。他强烈地批判了凯恩斯的政府干预理论，认为政府过分的干预会使经济活动萎缩，进而使市场状况更加糟糕。所以应该缩小政府的职能，通过恢复市场机制来解决这个问题。因此，在之前遭受批判的自由放任主义再次获得人们的支持，并更名为"新自由主义"。

世上哪有完美的事物呢。市场失灵也并不意味着市场的一切都是错的。所以我们并没有抛弃市场经济，而是进行部分改良。同理，虽然政府出现了问题，但我们不能完全抛弃政府。所以，现在我们正在想办法去有机地协调市场和政府。

凯恩斯因提出了"市场并非完美，因此需要政府的干预"这个主张而被世人所知。接下来就看各位的了。一定要谨记，学习经济学是为了能够分析并解决我们当前所面临的经济问题。

> 扩展
> 知识

对资本主义做出贡献的社会主义者马克思

工业革命以后,初期的飞速发展时期一过,欧洲的资本主义社会就开始出现各种各样的问题。机器的发展使生产所需的劳动者变少,许多劳动者因此失业。最终,劳动者为了找到工作,只好接受一些对自己不利的条件。全体劳动者的现实处境日益糟糕,各地的劳动者都发出了不满的声音。在这种糟糕的状况不断发酵的1818年,卡尔·马克思于德国出生。

科学社会主义的创始者马克思从年轻时

就非常激进。一开始马克思专攻学哲学、历史学、社会学，为了揭示资本主义的矛盾，他在中年时又开始学习经济学。此后揭示资本主义矛盾的《资本论》（*Das Kapital*）问世，对资本主义进行了无情、彻底的批判。

马克思对资本主义的批判基本上是以对经济上陷入贫困的工业劳动者的同情为基础的。他认为这种贫困正是起源于资本主义市场。资本主义市场把人们推向竞争，使资本家榨取劳动者的最大的价值。首先资本家让劳动者尽可能地去工作，压榨他们的身心，进而在市场上获得竞争力以此获益。

资本家并不止步于此，而是渐渐地将更多的资本投资到生产资料上。如工厂使用机器生产来大幅扩大生产量,进而劳动者会被机器生产代替,不再被需要。拥有资本最多的资本家能进一步提升生产效率,而在这种市场竞争中被淘汰的公司最终只能走向破产。并且效益不佳的公司还会进行裁员。随着失业者越来越多、工资越来越低,整个社会的购买力急剧下降。最终资本主义迎来了危机,贫困和社会的不稳定导致劳动者走向革命。这就是马克思的主张。

资本主义接受了马克思的批判,弥补了不足,发展至今。所以虽然马克思强烈地批判了资本主义,但是他也成了后代研究资本主义社会和经济的学者所必须研究的思想家。马克思无意中成了为资本主义发展做出贡献的学者。

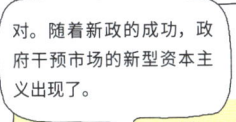

仅仅靠自由和竞争真的能使未来一直向好发展吗?

有胜者就必然有败者,我们现在也要对败者给予关注。

著名的新政开始了。

创造就业就会产生收入,消费就会增加,进而也会促进生产,经济就会恢复!

哇!

罗斯福通过推进政府主导的田纳西工程,创造出了"有效需求"。

对。随着新政的成功,政府干预市场的新型资本主义出现了。

是改良资本主义!

但最近盛行新自由主义……

对。世上并没有永恒的东西。20世纪70年代以来,随着新型问题"滞胀"(经济停滞和物价上涨同时出现)的登场,我的理论开始遭受批判。

银行

第五章

宏观视角下的经济

凯恩斯从"宏观视角"看待经济,并且主张创造"有效需求"。

合成谬误

终于要开始讲凯恩斯的核心主张了。本章我们来思考一下为什么要以宏观的视角来看待经济,以及一起来了解一下"有效需求"产生的原因和意义。

大家有听过下面这样的对话吗?

"你嗓子怎么这么哑了?"

"在餐厅和很久没见的朋友见面聊了会儿天,回来后嗓子就哑了。"

"啊？在餐厅聊了会儿天，嗓子就这样哑了？"

"是啊，餐厅人很多。在人们嘈杂的说话声中，有人听不清电视的声音就把电视的音量调高了，然后大家说话的声音又更大了，电视的声音又被调高了一些，大家渐渐又提高了说话的声音。就这样说了一个多小时，我的嗓子就变成了这样。"

"因为许久未见，所以聊了很多？"

"唉，因为电视的声音很大，连听清对方说什么都很难。"

大家有过这种经历吗？如果在教室里打闹，大家的声音就都会渐渐变大，教室里就会变得一团乱。

那么，故事中的人为什么会提高说话的声

音呢？是因为想让朋友听清自己说的话。然后大家都变得很吵闹，最终无法正常讲话。

上述现象就是"合成谬误"。所谓"合成谬误"是指对局部而言是对的东西并不意味着它对总体而言也是对的。在上面的故事中，提高嗓音可以使自己和朋友之间更好地沟通，但是可能会对其他人造成影响，整体上来说并不是一件好事。

在棒球场上如果观众席有人为了看得更清楚站起来了的话会怎样呢？虽然这对站起来的人有利，但是会挡住后面人的视线。那么后面的人也不得不站起来，再后面的人也会站起来，最终这在总体上成了一件不利的事情。这也是"合成谬误"的一种情况。

迄今为止，经济学只考虑个人的合理性

选择。凯恩斯起初认为社会是个人的总和，所以只分析个人就可以了，没有必要单独分析整体。后来了解到个人和社会的利益也可能会相左的"合成谬误"，他便开始研究宏观经济学。

"宏观经济学？"

宏观，即从社会整体的视角来看待现象。举个例子，我们不看某个人是吃了星星冰激凌还是月亮冰激凌，而是看在整个社会中吃星星冰激凌的人的比例如何，以及从社会整体上来看星星冰激凌的人气变高了还是变低了。这种从社会整体出发来看待问题的视角就是"宏观"。

人们都说宏观经济学实际上是从凯恩斯这里开始的。根据我们之前讲的各种经济问题，大家应该都能猜出为什么有人会这么说吧？

因为凯恩斯是站在制定经济政策的官员的

立场上看待经济现象的人,所以他需要从整体上来看待问题。而且当时出现的大规模失业和经济停滞属于需要从整体上来看待的宏观经济问题。

创造有效需求

大家还记得第四章的经济大危机吗?

"记得,当时经济严重停滞。货物卖不出去,堆积成山,因此生产降低,街头涌现了大量失业者。"

记得很清楚嘛。能掌握到这种程度,接下来的学习应该也没问题了。

"真的吗?"

是的,那么我们现在开始吧。

我们再来看一下哲洙刚才所说的经济大

危机的情况。工厂里的货物卖不出去，积压起来了，工厂主的收入减少。这样一来工厂主就没有足够的钱进行投资，又担心货物会继续积压，下一次就会减少生产总量。生产量减少，所需要的劳动者也会随之减少。进而工厂主会进行裁员，失业者就会增加。失业的人没有收入也就没有办法购买东西吧？这样的话，卖不出货物的工厂主的生意就会更加不好。要想打破这个恶性循环应该怎么办呢？

这就是我们需要解决的问题。为了想出办法，大家可以先好好思考一下下面这个问题。

如果想要成为富人，应该怎么做呢？

"应该多挣钱。"

"既要开源也要节流，不仅要多挣钱，也要节俭，要把钱存到银行去。"

多挣钱少花钱，就会攒下很多钱来，从而有可能成为富人。应该有很多人都会这样想。但是这种方法说对也对，说不对也不对。为什么会这样说呢？

刚才所说的方法是站在个人的立场上的，但是站在社会整体的立场上来看，情况就不是这样了。在整个市场中，如果每个人都只顾储蓄，就意味着消费会减少。人们不去购物消费，而是争先恐后地选择把钱存入银行，这样一来，整体需求就会降低，导致供大于求。最终会产生什么结果呢？想要消费的人越来越少，进而货物就会卖不出去，生产量就会降低。所以储蓄量增加对个人来说可能是好事，但对整个社会来说并不是一件好事。大家能理解吗？

"哦！这和经济大危机的情况很相似。"

是的，经济危机就是经济渐渐停滞不前，进而崩溃。对个人来说节约就会变得富有，但是整个社会的财富反而减少了，这种情况就是"节约悖论"。

"老师，这是不是和您所说的'合成'谬误是相同的情况？"

是这样的。现在大家应该猜到凯恩斯在经济大危机时主张用什么方法应对危机了吧。凯恩斯对当时只重视供给的经济学思想提出了反对的声音，认为当务之急是要重视需求，要把焦点放在人们的实际购买力上。也就是说要重视提升购买力，以销售出积压的货物，进而恢复经济，因此主张应该提高市场上的有效需求。也就是说，我们一直以来想要减少的"消费"对挽救经济来说是必要的。

> 为了解决失业和物价不稳定的问题,在现实中最终采用了调节需求的方式。调节需求的方法有扩大国民消费或者促进企业投资,政府直接增加支出的方法也有很大的效果。

"但是,现在没有食物,怎么生活呢?这是迫在眉睫的事情啊。"

对,正因如此,凯恩斯更加主张不能一味相信市场,要强调政府积极干预的必要性,但是那些相信市场自发调节机制的人却说长远来看市场会自然而然解决所有问题的,不需要政府出面。对于此种批判,凯恩斯做出了如下回答。

"长远来看?长远来看,我们还都会死呢!(In the long-run, we are all dead)"

凯恩斯的《就业、利息和货币通论》这本书就包含对他们的回答。因为这本书有对当时主流的旧经济理念的反驳,所以凯恩斯算是开

始了孤军奋战。

当凯恩斯摆脱了当时在社会上根深蒂固的传统经济理念,重新审视现实时,他觉得这个困境是能够克服的。

在凯恩斯1926年发表的《自由放任主义的终结》(*The End of Laissez-Faire*)一书中也能看出他彻底摆脱了传统经济理念。我们以长颈鹿吃树叶来打个比方如何？自由放任主义给予长颈鹿自由，认为长颈鹿能够尽自己所能伸长脖子吃到树叶。因此脖子更长或者非常努力伸长脖子的长颈鹿应该能够吃到更多的树叶。这和人们在社会中根据自己的消费能力和喜好来消费、生产商品以及获得报酬的情况很相似。这是一种相信适者生存能够促进社会发展的方法。这就是自由放任主义。

但是又会产生这样一个问题，脖子短的长颈鹿在竞争中处于下风，它们的痛苦该怎么解决才好呢？是吃落到地上的叶子吗？还是等到那些脖子长的长颈鹿吃饱了后它们再吃？竞争的背后往往是阴暗的现实和部分人的痛苦。

凯恩斯的主张就是现在必须找到一个能够解决人们温饱问题的实质性办法。和经济学的理论相比，人们的现实生活更加重要。凯恩斯大学毕业后先做了国家公职人员，和理论相比，更注重解决生活中的经济问题。

随着时间的流逝，人们的生活日益困难，失业后没有收入的人在免费供餐处排起了没有尽头的长队。那些境况至今都历历在目，知识分子和国家公职人员难道不应该为这些人来制定具有现实性的对策吗？那种认为市场会自行解决所有经济问题的想法难道不是一种太过敷衍的姿态吗？

美国为了摆脱经济危机，接纳了凯恩斯的政府干预论，出台了新的政策，采取了特殊措施。详细内容我们下章再看。

消费就是美德

2007年韩国泰安海岸[①]发生了石油大量泄漏事件。整个海面和海滩都被石油覆盖。这个事件给泰安居民带来了难以忘却的痛苦。后来在100多万名志愿者的努力下，自然环境又重新恢复到干净的状态。但是泰安居民仍然经历着痛苦：石油泄漏事件发生以后，人们一下子终止了对泰安的海产品和旅游业的"需求"，地区经济严重停滞。

那么我们应该怎样做才好呢？

"我要跟妈妈说这周去泰安玩！"

[①] 泰安是韩国忠清南道西侧的一个郡，拥有韩国国内唯一的海岸国立公园。——编者注

哈哈，哲洙你要是为泰安的经济创造有效需求，那将有助于泰安地区的经济恢复。同理，经济大危机以后，美国广泛流行起"消费就是美德"的说法。

"我也要好好消费了，将所学运用到实践才是真正的知识。"

"哲洙，你是不是又要缠着你妈，让她给你买东西呀？"

实学[1] 家朴齐家[2]

各位应该都了解有效需求理论了吧？

---

[1] 实学是一种以"实体达用"为宗旨，以"经世致用"为主要内容的思想潮流和学说。始于宋朝，在明清之际到达高潮，亦传入日本、韩国、越南，成为一门国际性学术。——编者注

[2] 朴齐家（1705—1805），朝鲜王朝后期思想家，主张学习清朝先进文化和器物以"利用厚生"，使朝鲜摆脱贫困。著有《贞蕤集》《北学议》等。——编者注

朝鲜王朝后期的实学家朴齐家也和凯恩斯有着相似的思想。大家都知道朴齐家是谁吧？他学习了中国的文化和制度后，一心想要对国家进行改革。朴齐家在所著的《北学议》中说过这样的话：

"财货如井水，用之则溢，弃之则枯。如果大家不穿丝绸衣物，国家就没有织绸锻的人，'织'这项工艺就会衰退；如果大家习惯用工艺粗糙的碗具，不去崇尚、追求精湛的工艺，那么就没有人会从事工匠这份职业，一些精湛的工艺就会失传；如果农业荒废，国家就会失去秩序，那么最终从事士农工商的人都会变得窘困，无法彼此救济。"

朴齐家所言的意思是消费能够刺激生产。生产的东西只有消费出去才能进行再生产，因此要做的不是抑制消费而是要鼓励消费。这和有效需求理论很相似。

政府的干预

"老师,可是在经济大危机的状况下大家都失业了,即使我们想要刺激消费,人们手中没钱,怎么消费呢?"

哲洙说得对,经济大危机时经济不景气,消费萎缩,生产也萎缩,所以造成了大量失业。人们手中当然也就没有钱。在这种状态下很难产生消费,古典经济学认为看不见的手,即价格机制会解决所有问题,只要价格降低,所有问题就会迎刃而解。但是即使降低价格也无法刺激消费,1997年,韩国金融危机时就产生了这样的情况。经济迅速停滞,出现了大量失业者。即使物价和房价大跌,也没有人去消费。大家知道我想说什么吗?

> **国际货币基金组织**
> 国际金融组织,其职责是监察货币汇率和各国贸易情况,提供技术和资金救助,确保全球金融制度运作正常。该组织的资金来源于各成员认缴的份额。成员享有提款权,即按所缴份额的一定比例借用外汇。

"知道!这种情况下价格机制的自我调整是无法解决问题的。看来需要寻找其他方法了。"

对,我们要修正"价格机制可以自动调节市场"这种想法。那么怎样才能扩大消费呢?

"有收入就会产生消费!"

"如果人们预想到以后会有钱的话,应该会更加不吝消费。"

对,人们的消费受各方面的影响,如价格、收入的变化,以及未来的预期。我们来思考一下1997年韩国金融危机的情况,如果当时

> **1997年韩国金融危机**
> 1997年12月3日,韩国经历了外汇危机,随后向国际货币基金组织(IMF)请求资金援助。由于当时韩国企业经营以及融资不善使外汇市场出现了恶性循环,许多金融机构和企业破产、倒闭。韩国为了能够从国际货币基金组织获得贷款,不得不接受国际货币基金组织的苛刻条件——要求韩国进行财政紧缩、经济结构改革。

收入增加,或者人们预测到未来房价会上涨、自己未来的收入会增加,肯定会去购置房产。

但当时人们不去购置房产的原因是人们认为经济状况并不会变好,进而对未来房价会重新上涨不抱有期望。所以在号称史上最严重的经济停滞——世界经济大危机时期,人们做出了怎样的预测呢?是充满希望的吗?当时很多人预测到未来只会更加困难,进而开始勒紧裤腰带过日子,进一步减少了消费。以至于经济进一步萧条,人们更加难以期待光明的未来,情况渐渐恶化,也就陷入了节约悖论。

站在个人的角度上来看，个体们并不知道情况会怎样变化，所以肯定不会去盲目消费。但是如果大家都不消费，又该如何是好呢？有效需求从何而来呢？

> 1997年韩国金融危机对国民来说是一场突发事件，当时韩国国内由于失业引起的家庭破裂、自杀现象层出不穷，造成了非常严重的社会问题。政府为了平息社会的不安、促进经济发展，不得不开始关注就业问题。

在这种情况下，很难期待市场内部会扩大消费。所以要解决这种情况需要有人出面来弥补市场缺陷。凯恩斯认为这时就需要政府来发挥这种作用，所以主张需要国家公共机关政府出面来解决市场无法解决的问题，弥补市场失灵。因为政府不仅仅是国家公共机关，而且还是一个能够影响市场整体的庞大组织。

那么政府应该采取怎样的措施呢？

如果个人或者企业无法在市场中消费，那

么就需要政府打开钱袋施以援助。政府需要通过财政支出来扩大总需求。当然，起初在实行这个理论时，国会并不想通过扩大政府财政支出这项决议，因为部分固守自由放任主义的人很排斥政府直接干预经济。

但是政府扩大财政支出真的有用吗?这部分内容很重要,但是也很难,为了便于大家理解,我将通俗易懂地简单讲一下。

如果政府支出100万韩元的话,大家认为这会给整个经济带来多大的效益呢?可能有人会认为,对整个经济来说就是创出了100万韩元而已。

当然也可以这么认为,但是结果远不止如此。政府通过财政支出来推进公共事业,创造就业机会,然后通过工作获得收入的人再进行消费,以此达到带动整个经济的效果。首先这部分我们前面讲过,想必大家都很清楚。但令人惊讶的是,政府支出100万韩元,对整体经济而言其所达到的效益超出了100万韩元。这就是"乘数效应"。

> **乘数效应**
> 在经济循环过程中注入新的投资，就会扩大有效需求，进而产生连锁反应，使整个社会增加的收入是投资额的好几倍。

虽然这个名词看起来很难，但原理很简单。我们可以将乘数效应看作是水泵抽水，用水泵抽水时，先将泵灌满水，才能将水抽出来。大家没用过水泵，可能不太了解。在水泵里倒入一瓢水，就可以抽出好几倍的水，很令人惊讶吧。

因此所谓乘数效应，就是经济活动中如果注入了新的投资，就会扩大有效需求，以此产生持续的连锁反应，最终给整个社会带来高出投资额几倍的巨大效益。

政府的支出也是如此。政府为萧条的经济注入"一瓢水"的话，就会产生好几瓢水的收入，这时国民收入就会成倍地增加。这就是乘数效应。

我们来举一个例子，假设政府投资100万韩元来开发景区。并且为了吸引外国游客，景区新录用了精通外语的公务员。至此，政府投入了100万韩元，那么收益也正好是100万韩元吗？

首先，如果新的景区建成，来这里旅游的人应该会变多对吧？游客会在此住宿、吃饭、购买纪念品。得益于此，在景区经营旅游住宿业、餐饮业、纪念品店的人收入会增加。

长期来看，这儿的收入会比政府投资额更高。人们的收入增加，消费自然也就会增加，进而有助于活跃国家经济。并且，如果有外国人到此度假，政府会获得外汇收入。另外，游客在旅游的过程中获得的精神上的满足和享受也是不可忽视的，尽管它不能立即变现。就这样，获得的利润是初次投资额的数倍。

总的来说，在经济不景气时，扩大有效需求是搞活整体经济的源头活水。在一个大框架下来看待经济的话，一切都会焕然一新。就比如说一棵树只能被用作木材，但是如果树木一棵一棵聚集在一起形成树林，不仅可以用作整体木材，还可以起到净化空气的作用。所以我们不能只见树木，不见森林。现在大家知道凯恩斯为什么被称为宏观经济学的鼻祖了吧。

好快，这是最后一章。大家做好准备了吧。今天我们的主题是宏观经济学。

这是什么？听起来很宏大。

宏观经济学比起树木更看重森林。也就是说，不是从个人角度而是从社会整体的角度看待经济问题。

如果人们储蓄过多，会产生怎样的结果呢？

大家应该都会成为有钱人吧。

真的会是那样吗？从市场整体来看，如果人们都去储蓄，消费就会减少，造成货物滞销。进而生产减少，经济停滞。

现在好像明白"消费就是美德"的意思了。

朝鲜王朝后期的朴齐家说过"财货如井水，用之则溢，弃之则枯"，这和我的思想类似。

哈哈，是我！

要想使干涸的泉水重新喷涌，不能坐以待毙，而是要用水泵来抽水，这需要政府来做。这就是我的理论的核心。

政府用"一瓢水"换来了数倍的泉水，这就是所谓的"乘数效应"。

老师您真是宏观经济学的鼻祖。

我也认为是！

结语

解决贫困问题，需要政府积极干预

好，现在所有的内容都已经结束。很感谢大家的认真学习。凯恩斯批判了一百年来的主流经济学思想——自由放任主义。在任何一个时代，破旧立新都并非易事。但他认为市场机制并不完美，需要政府出面制定政策来弥补市场机制的缺陷。人们将凯恩斯的主张称为"新经济学"或者"凯恩斯革命"。

凯恩斯的老师阿尔弗雷德·马歇尔，在凯

恩斯小的时候就格外关心他，教给了他许多东西。凯恩斯在印度事务部工作时，马歇尔又把他带回了剑桥大学，让他潜心研究学问。

马歇尔经常对学习经济学的学生们说："去伦敦的贫民窟看看吧"。他的意思是要用一颗温暖的心来学习经济学，而不能只用一颗冷静的头脑。

但是马歇尔主张市场中的个人自由竞争。随着学问的不断深入学习，凯恩斯产生了这样的疑问：明明贫困的人很多，为什么社会还只重视自由和竞争呢？在那种竞争中被淘汰、被排挤的人该怎么办呢？为什么不制定相关政策呢？他认为面对现实的困境，政府应该积极提出解决办法。凯恩斯认为这是时代和社会之间的矛盾，所以坚信需要国家积极出面来解决社会问题。

正因如此,凯恩斯在1936年出版的《就业、利息和货币通论》这本书中讨论了这种问题并给出了解决方法。凯恩斯去世后,在20世纪70年代,以哈耶克为代表的晚辈学者主张应该减少政府干预,提高经济活动的自由,这就是"新自由主义"。

但是在21世纪的今天,随着新自由主义和全球化引起的贫富差距问题以及社会不平等问题的登场,凯恩斯的主张重新受到了关注。在社会巨变时期,凯恩斯曾努力地以新的价值观为基础,来积极面对现实问题。希望大家能够理解凯恩斯所做的努力,并通过学习凯恩斯的思想有所收获。

结语 解决贫困问题，需要政府积极干预 ◆ 135